AF590036

MÉLANGES

POLITIQUES.

MÉLANGES

POLITIQUES.

NOTES SUR LA RÉVOLUTION DE FÉVRIER 1848. — DE LA DÉMONSTRATION DU 15 MAI 1848. — LETTRES ADRESSÉES AU JOURNAL *L'ASSEMBLÉE NATIONALE* SUR L'ÉLECTION DU PRÉSIDENT, ET SUR M. DE LAMARTINE. — DU SUFFRAGE UNIVERSEL. — DE L'ABOLITION DE LA PEINE DE MORT EN MATIÈRE POLITIQUE. — DU PARTI DE L'ORDRE. — DE L'AVENIR DU PAYS SELON LE SUFFRAGE UNIVERSEL. — DE L'ÉTAT DU PAYS, DES DANGERS QUI LE MENACENT, ET DES MOYENS D'Y REMÉDIER.

Paris,

IMPRIMÉ CHEZ BOUCQUIN, RUE DE LA SAINTE-CHAPELLE, 5.

1850.

MÉLANGES POLITIQUES.

NOTES SUR LA RÉVOLUTION DE FÉVRIER 1848.

(Écrit en Mai 1848.)

De toutes les révolutions que les soixante dernières années ont successivement vues se dérouler et qui ont si profondément ébranlé, sous divers points de vue, l'organisation de l'Europe et les bases de l'ordre social, celle de 1848 est à mes yeux la plus extraordinaire et la plus imprévue. C'est certainement celle qui s'est opérée avec le plus de facilité, qui a éprouvé le moins de résistance et qui aura cependant les conséquences les plus graves. Coup d'œil rapide sur nos précédentes révolutions.

La Révolution de 1789-1793 était préparée de longue main; elle était inévitable pour les yeux les moins clair- 1789-1793.

voyants. Les abus de toute nature, qui découlaient d'institutions vieillies et de priviléges odieux, devenus intolérables par la diffusion des lumières, appelaient de toutes parts des réformes que le temps avait rendues indispensables. Lorsque la main téméraire de la Révolution vint toucher à l'édifice vermoulu de la monarchie, tout s'écroula, et le monarque lui-même fut immolé sur les débris de son trône. Mais quelques années du moins s'écoulèrent pour l'accomplissement de cette effroyable chute, qu'on avait dû redouter, mais dont certes personne n'avait pu prévoir et mesurer toute la profondeur.

Après la disparution de la monarchie et des ordres privilégiés entraînés avec elle dans sa chute, les modifications que subit successivement le gouvernement républicain, les violentes secousses qu'entraîna son établissement, n'étaient que les diverses phases d'une situation qui n'a rien de fixe, ou plutôt étaient les conséquences naturelles des institutions républicaines qui, par leur nature même, amènent presque toujours à leur suite des commotions continuelles et d'anarchiques débats.

Le Consulat.

Le 18 brumaire ne fut qu'une transition. Les formes républicaines furent conservées du moins en apparence, et c'est par gradation, en quelque sorte insensiblement, que le génie de Napoléon nous conduisit, sans résistance, avec le concours de toutes les volontés, de la République à un despotisme à peine déguisé, à un pouvoir absolu, qui aurait peut-être été tempéré à la longue par des institutions naissantes, et avec lequel d'ailleurs la nation fut bientôt familiarisée par la gloire militaire et par les progrès de toute nature que réalisait le nouveau régime.

L'Empire.

L'édifice imposant de l'Empire, fondé sur tant de victoires, entouré de tant d'éclat, semblait indestructible; mais des revers inouïs renversèrent ce que des succès fabuleux avaient créé. L'adversité sembla épuiser tous ses traits contre cet Empereur que la prospérité avait si longtemps comblé de toutes ses faveurs. L'Empire succomba devant les éléments conjurés, devant l'Europe entière liguée contre lui; sa chute fut glorieuse, sa résistance héroïque, et Napoléon, en se retirant à l'île d'Elbe, cédait aux coups de la fortune, après une longue lutte, après une défense opiniâtre, après avoir épuisé tous les moyens de combattre l'adversité.

1815.

La chute de la première Restauration, en **1815**, était écrite par ses inqualifiables fautes, par son incroyable aveuglement. En moins d'un an, elle avait trouvé le secret de s'aliéner complètement toute la nation qui l'avait accueillie d'abord avec une sorte d'ivresse, parce qu'elle n'avait vu dans la réapparition des Bourbons que la fin des malheurs de l'Empire. Le retour merveilleux de Napoléon, parti avec une poignée d'hommes de l'île d'Elbe, pour venir, sans coup-férir, sans presque s'arrêter, reprendre son trône aux Tuileries, montra combien son glorieux passé avait laissé de profondes racines dans les souvenirs et les affections du peuple. Mais le sort des armes pouvait seul légitimer de nouveau Napoléon; il fallait vaincre l'Europe; les plus héroïques efforts ne purent conjurer la fortune, et l'arrêt du destin dans les champs de Waterloo prononça la chute définitive du grand homme qui avait opéré tant de prodiges et avait si souvent dicté des lois à toutes les nations.

La Restauration.

La seconde Restauration eut d'abord à vaincre de grandes difficultés; quelques années de durée semblèrent la consolider. Elle avait subi heureusement l'épreuve, toujours si dangereuse pour un gouvernement nouveau, d'un changement de règne, et Charles X, appelé à succéder à son frère dans lequel tous les partis avaient fini par reconnaître beaucoup de prudence et de sagesse, Charles X avait été accueilli par de vives démonstrations de sympathies, auxquelles il avait su répondre par quelques actes populaires. Un gouvernement représentatif avait été fondé par Louis XVIII ; ce monarque avait sagement compris que la France, saturée de gloire par Napoléon, avait besoin de recevoir une autre direction dans ses idées et d'être dédommagée des grandeurs et des souvenirs héroïques de l'Empire par des institutions plus libérales. Pendant tout son règne, pendant tout celui de Charles X, une lutte continuelle s'établit dans le sein des Chambres entre le pouvoir royal et la nation s'efforçant d'élargir le cercle des libertés qui lui avaient été concédées. Cette lutte, si nous portons avec impartialité nos regards en arrière, ne fut pas sans éclat et sans utilité; elle jeta beaucoup d'intérêt et de lumières sur les questions gouvernementales dont toute l'Europe se préoccupait; mais, disons-le, cette lutte fut sage et ne dépassa jamais les limites que la raison semble assigner au rôle de l'opposition, sans laquelle, on le sait, il n'y a pas de gouvernement représentatif. Cette opposition cachait-elle, surtout vers la fin du règne de Charles X, des vues de renversement? On peut en douter. Peut-être bien quelques hommes, poussés par les regrets du passé ou par des vues d'ambition personnelle, désiraient voir un nouvel ordre de choses se substituer à celui qui leur paraissait avoir été imposé à la France par l'étranger; mais ils étaient en bien petit nombre. La grande masse des citoyens, appréciant les avantages de la paix intérieure et extérieure, jouissant du développement progressif des institutions, avaient foi à la dynastie régnante, et ne désiraient réellement;

dans leurs velléités d'opposition, que voir s'étendre de plus en plus les libertés publiques à l'ombre du pouvoir royal qui, pour presque tous, semblait hors de question et consolidé par le principe salutaire de la légitimité, dans la famille de nos anciens rois. La marche régulière et parfaitement légale des élections de 1827 amena au pouvoir le ministère *Martignac*, ministère essentiellement monarchique et qui semblait appelé à réaliser les espérances des vrais amis de leur pays, en donnant tout leur développement aux nouvelles institutions. Mais Charles X, aveuglé

Par cet esprit de vertige et d'erreur,
De la chute des rois funeste avant-coureur,

entraîné par quelques confidents fanatiques, brisa lui-même violemment le ministère qui aurait pu consolider à jamais sa dynastie sur le trône de France. Il crut, bien à tort, c'est du moins mon intime conviction, que ce ministère le conduisait à une catastrophe vers laquelle il courait lui-même. Dès ce moment, dès qu'on vit Charles X appeler à son conseil, pour le guider dans la crise qu'il provoquait, les hommes les plus impopulaires, les plus antipathiques au pays, tous les esprits sages conçurent de vives alarmes sur la durée d'un ordre de choses dans lequel ils avaient cru trouver la garantie des intérêts moraux et matériels; chacun vit un orage menaçant grossir à l'horizon. Les prévisions n'osaient aller jusqu'à la supposition d'un renversement complet; mais des luttes graves, de violentes commotions semblaient évidemment inévitables. La Révolution de 1830 ne vint que trop justifier ces vagues inquiétudes. Toutefois, constatons-le bien, la royauté mit tous les torts de son côté; elle viola tout, elle foula aux pieds ses engagements, se

Révolution de Juillet 1830.

joua de ses promesses et sembla provoquer, de gaîté de cœur, l'effroyable manifestation qui la renversa si violemment. C'est elle qui avait attaqué ; la nation n'avait fait que se défendre ; mais dans sa défense, celle-ci fut entraînée par la victoire plus loin sans doute qu'elle ne le voulait : elle précipita Charles X de son trône et enleva la couronne à sa race.

Cette victoire, on s'en souvient, embarrassa beaucoup les vainqueurs ; on sait combien il y eut lieu de craindre que le pays ne pût s'arrêter sur la voie pentive où il avait été entraîné ; on sait combien la France fut près de tomber dans l'anarchie.

L'appel au trône du duc d'Orléans, de Louis-Philippe, sembla la tirer d'embarras et mettre fin à une crise violente qui compromettait tout, qui mettait tout en question ; c'est par là que furent conjurés les dangers qui semblaient accumulés de toutes parts. Grâce à la pacifique intronisation de Louis-Philippe, la Révolution de 1830 ne fut, en quelque sorte, qu'une transition, et c'est ainsi qu'une catastrophe, que tous les bons esprits redoutaient d'autant plus que les suites en paraissaient incalculables, s'accomplit sans amener à sa suite les bouleversements et les malheurs publics, cortége presque toujours inévitable des révolutions.

Mais la nouvelle royauté fut entourée des plus graves difficultés. Attaquée par les partisans de l'ancienne dynastie, attaquée par ceux qui lui reprochaient de ne pas réaliser tous les rêves de la liberté, en butte à la guerre civile, aux insurrections, aux poignards des assassins, elle surmonta tous les obstacles avec un bonheur providentiel. L'Europe entière admirait la sagesse, la prudence, l'habileté de Louis-Philippe, et dix-huit ans de règne avaient semblé consolider à jamais un régime sous lequel la prospérité publique avait pris un essor prodigieux. Tout cela, cependant, a été renversé comme par un souffle, en un clin d'œil! Qui pouvait le prévoir? quelles sont les causes de cet inconcevable événement? comment cette terrible chute a-t-elle pu s'accomplir aussi facilement? quelles seront ses suites?

Les esprits les plus craintifs, rassurés par les victoires multipliées que l'esprit d'ordre avait remportées sur les factions, croyaient à la durée de la monarchie dans la dynastie de Louis-Philippe. Ils ne voyaient dans les légitimistes, dont le nombre s'éclaircissait de jour en jour, de même que leur opposition s'adoucissait graduellement, qu'un parti peu dangereux, peu entreprenant, en quelque sorte sans drapeau, conservateur par sa nature; et chez lequel le culte, d'ailleurs fort respectable, des souvenirs de l'ancienne dynastie, semblait devoir se confondre complètement dans un délai que la marche du temps abrégeait sans cesse, avec le dévoûment à la nouvelle royauté. Quant aux républicains, on ne voyait en eux que des rêveurs, dont les théories avaient été tant de fois renversées par les faits qu'elles ne paraissaient plus pouvoir être prises au sérieux.

L'Europe avait pu puiser un salutaire enseignement dans le spectacle que lui offraient depuis vingt-cinq ans, les vains efforts tentés pour imposer des formes républicaines aux immenses et magnifiques contrées de l'Amérique du sud, qui, plus que toutes les autres, y semblaient propres par leur nature essentiellement agricole, par le peu de densité de leur population, par le voisinage des Etats-Unis et la facilité de puiser des exemples dans les institutions républicaines de Washington. Tous ces efforts n'avaient abouti qu'à réaliser partout la plus triste anarchie, et qu'à substituer au gouvernement si lourd, si arriéré de l'Espagne, un état de choses cent fois pire. Les Etats-Unis mêmes, malgré leur immense territoire toujours ouvert au développement de la culture, toujours prêt à donner place à l'accroissement de la population, quelque progressif qu'il fût; malgré les immenses succès d'un commerce embrassant le monde entier et fondé sur les produits du sol; les Etats-Unis mêmes avaient plusieurs fois laissé entrevoir quelques germes de graves divisions, de troubles incessants, et, aux yeux des hommes sages, ces belles contrées, quelles que fussent leur prospérité et leur richesse, offraient moins de garanties pour le maintien de l'ordre social que nos vieilles monarchies de l'ancien continent. Un exemple plus frappant peut-être encore, parce qu'il était plus voisin, avait été offert à toutes les nations européennes, par les débats intérieurs de la Suisse. Cette contrée jouissait seule, parmi toutes celles de l'ancien monde, des institutions républicaines; dotée de la liberté la plus absolue, d'une absence presque complète d'impôts, elle était aussi, depuis plusieurs années, à peu près la seule où il y eut des discordes, des guerres civiles, où l'anarchie vînt menacer la société. La pratique était donc bien peu favorable aux principes républicains; aussi, convenons-en, les opinions républicaines étaient à peu près passées à l'état de *mythe;* elles étaient reléguées dans les cerveaux de quelques énergumènes sans consistance, et le 15 février 1848, quelqu'un qui aurait parlé sérieusement de République, et de République pour la France, n'aurait excité que le sourire ou aurait peut-être inspiré à ses auditeurs des inquiétudes sur l'état de sa raison.

On savait bien que les anarchistes qui, sans être républicains, pouvaient penser à la République comme à un moyen de renversement, étaient en général des hommes d'action, n'ayant rien à compromettre, et prêts, par conséquent, à s'exposer à tout. Mais leur petit nombre rassurait, et ils avaient été si souvent déjoués, mis à nu par les investigations de la police, qu'ils n'excitaient pas de craintes réelles.

Dans ces derniers temps, quelques livres, fruits de notre littérature échevelée et frénétique, et notamment l'*Histoire des Girondins*, empreinte d'un incontestable talent et d'une émouvante imagination, avaient tendu à justifier les crimes de la Révolution de 1793 et à déifier les principaux acteurs de ces effroyables scènes qui avaient couvert la France de ruines et de sang. Ces livres avaient sans doute impressionné d'une manière dangereuse quelques jeunes têtes; mais tout en déplorant ces publications, on pouvait ne les considérer que comme des romans, des livres d'imagination, des thêmes où s'était exercé le talent avec une regrettable richesse, pour prouver en quelque sorte combien il était puissant à colorer les faits, à donner au crime même des apparences de noblesse et de grandeur.

La dynastie de Louis-Philippe semble bien assise.

L'opinion publique était loin de prévoir une révolution. On s'était accoutumé à considérer les partis comme vaincus, ou du moins comme ajournant par impuissance leurs projets criminels. En général, on s'attendait, surtout depuis que le duc d'Orléans avait été si inopinément enlevé à la nation, que la mort de Louis-Philippe pourrait amener quelques troubles plus ou moins graves; on prévoyait que les partis ennemis ne laisseraient pas échapper cette belle occasion de chercher à saisir le pouvoir, et cette occasion, cette chance étaient généralement considérées comme les seules qui leur restassent, tant s'était affermie la confiance en la sagesse et en l'habileté de Louis-Philippe, et, il faut le dire aussi, dans le bonheur qui avait presque constamment accompagné tous les actes de son règne et qu'on se plaisait à considérer comme un témoignage non équivoque de la protection de la Providence. C'était donc seulement l'âge avancé de Louis-Philippe qui donnait quelques inquiétudes, parce qu'il semblait rendre plus prochaine l'époque qu'on s'accordait à redouter comme la seule qui pût amener quelques commotions intérieures, quelques tentatives révolutionnaires sérieuses; mais l'excellente santé du roi, entretenue par sa sobriété et la régularité de sa vie, éloignaient ces inquiétudes que diminuaient aussi les qualités brillantes de ses fils et la popularité dont jouissaient deux d'entre eux surtout.

L'Opposition.

Il y avait bien l'opposition; mais l'opposition est l'essence même des gouvernements représentatifs, et on pouvait ne voir dans les attaques auxquelles elle se livrait, dans ses efforts plus ou moins violents, que le jeu des institutions qui s'implantaient chez nous comme elles étaient consacrées chez les Anglais, et dont il fallait bien supporter les inconvénients, puisqu'on en recueillait les avantages, seules conquêtes de nos longues révolutions. Peut-être les effets de la

La Presse.

liberté de la presse avaient-ils, grâce au caractère français si impressionnable, si léger, si vif, plus de dangers que chez nos voisins; peut-être son action était-elle plus redoutable, plus destructive chez nous que dans la froide Angleterre. On pouvait s'effrayer de l'influence des journaux de l'opposition; il était triste d'observer qu'ils pénétraient partout, qu'ils étaient lus presque généralement, tandis qu'il en était tout autrement du petit nombre de journaux défenseurs de l'ordre, qui, repoussés par un grand nombre de lecteurs, ne pouvaient faire parvenir aux esprits prévenus la réfutation des erreurs grossières et des doctrines perverses propagées journellement par tous les moyens et sous toutes les formes. Rien ne démontrait cependant que le danger fût bien grand de ce côté; on pouvait toujours espérer que le remède viendrait de l'excès du mal, que les abus de la presse se corrigeraient par elle-même, et, si on se reportait à quelques années en arrière, il semblait même que l'influence de la presse avait été en diminuant par suite de ses propres excès, qui avaient fini par éclairer et dégoûter beaucoup de lecteurs.

Au commencement de la session de 1848, l'opposition manifesta une violence extrême. Toutefois, elle avait bien été aussi violente dans d'autres circonstances; elle ne s'était pas accrue en talents, et, numériquement, elle s'était beaucoup affaiblie. Dans les années précédentes, elle avait même souvent eu des motifs d'opposition plus spécieux, elle avait eu à dévolopper des théories plus avantageuses. Rien ne semblait donc encore révéler de ce côté un danger sérieux.

Quand on réfléchit maintenant au grand thème de l'opposition de 1848, à la cause apparente et immédiate de l'effroyable révolution qui vient de tout renverser, les événements paraissent inexplicables, et on ne peut se défendre d'un sentiment de pitié. De si terribles résultats pour de si petites causes frappent sans doute d'étonnement et de surprise; mais comment ne pas accuser, comment ne pas plaindre, avec quelques mouvements involontaires de mépris, un peuple qui, pour des motifs aussi futiles, joue si gros jeu, une nation qui s'expose si gratuitement, si légèrement, si niaisement à voir renverser ou plutôt renverse étourdiment elle-même, de ses propres mains, le magnifique édifice de prospérité qu'avaient élevé dix-huit ans de paix sagement consacrés à l'étude des besoins sociaux, au développement

Banquets.

des institutions et de la richesse publique? Lorsqu'on se souvient que c'est cette misérable question de banquets qui nous a conduits dans l'effroyable abîme où nous sommes plongés, on croit rêver. Quoi! le gouvernement royal a été renversé parce qu'il a voulu empêcher, sous ses yeux, au centre de Paris, une réunion menaçante pour l'ordre public, offensante pour sa propre dignité, et dont les événements n'ont que trop prouvé le danger! Un si ridicule prétexte a pu être la cause d'une si épouvantable catastrophe? Maintenant que nous pouvons réfléchir un peu froidement sur ce passé encore si rapproché de nous, mais que la gravité des événements qui se sont accumulés depuis place déjà dans un lointain souvenir, reconnaissons que le pouvoir était parfaitement dans son droit, reconnaissons que le premier devoir de tout gouvernement est d'empêcher, de réprimer les réunions nombreuses et tumultueuses qui menacent la tranquillité publique; que c'est là un droit naturel pour le pouvoir, un droit écrit par le bon sens, par la nécessité des choses; que ce droit est encore consacré de la manière la plus explicite par notre législation, que tous les pouvoirs en France y ont eu recours dans tous les temps et y recourront toujours. Sur cette question de banquets, si futile en apparence, mais si fatale, si féconde en terribles conséquences, le gouvernement du roi n'a eu peut-être qu'un tort, un tort grave. Lors du premier banquet, quand se manifesta hautement la prétention de supprimer le *toast* au roi, qui avait toujours été considéré dans tous les pays comme le premier acte obligatoire de toute réunion publique de ce genre, prétention qui ne manifestait que trop de coupables projets, il fallait empêcher les réunions. Cela aurait été facile alors, et on n'aurait pas vu les banquets se succéder à l'envi sur tous les points du royaume, comme des signaux d'opposition par lesquels les ennemis du pouvoir faisaient assaut de violence et d'audace, pour aboutir enfin à ce banquet monstre de Paris, où devaient s'engloutir à la fois et la monarchie et le repos du pays, et toutes les prospérités publiques.

Quels étaient les prétextes apparents des banquets? Le Gouvernement était corrompu, disait-on; une réforme était nécessaire!

Les accusations de *corruption* étaient devenues à la mode; ce mot, ainsi que celui de *réforme*, était tombé dans l'*argot* de l'opposition; ils avaient remplacé dans la langue des partis ceux de ***Recensement***, de ***Jésuites***, de ***Pritchard***, de ***Droit de visite***, avec lesquels on avait si longtemps cherché à agiter les niais. Sans doute, l'opinion publique avait été frappée de quelques faits de corruption; mais sous quel gouvernement n'y en a-t-il pas? et certainement les faits sur lesquels les partis s'étaient appuyés pour présenter la corruption comme inhérente au gouvernement de Louis-Philippe, pendant les années que nous venions de traverser, et durant lesquelles, grâce à la liberté ou plutôt à la licence de la presse, tous les actes du pouvoir avaient été constamment au grand jour, ces faits n'étaient rien en comparaison de ceux de même nature qui avaient souillé nos annales sous tous les gouvernements précédents, et plus encore pendant nos tourmentes révolutionnaires et sous les pouvoirs éphémères qui en avaient été le produit. Quant à la réforme, on pouvait sans doute introduire quelques améliorations dans nos lois politiques; il eût été à souhaiter que le nombre des fonctionnaires appelés dans les Chambres fût réduit et limité désormais; on pouvait désirer que le cercle électoral fût peu à peu et graduellement élargi. Il y avait incontestablement des améliorations à réaliser; il y en a toujours à introduire dans les institutions, parce que nulles ne sont parfaites. Mais ces améliorations n'avaient rien d'absolument urgent; on pouvait, on devait les attendre du temps, de la marche et du développement des lumières; on devait en mesurer prudemment l'étendue par la sage et lente étude des faits. Il n'y avait certainement aucun besoin sérieux et réel auquel il fût nécessaire, impérieux de satisfaire immédiatement. L'attitude de l'opposition, le langage de la presse n'étaient, après tout, que ce qu'ils avaient été pendant les années précédentes, que ce qu'ils devaient être sous un gouvernement représentatif, et là encore ne se révélait aucun symptôme qui pût faire sérieusement redouter une révolution.

La Garde nationale de Paris.

Il y avait quelque chose de très-fâcheux dans les dispositions de la garde nationale de Paris. L'indifférence, la désaffection même y avaient jeté d'assez profondes racines; cela n'avait été indiqué que trop clairement par quelques faits successifs, par quelques choix dont le caractère avait été tout-à-fait hostile. Les mauvaises dispositions de la garde nationale de Paris étaient dues à l'action de la presse, plus destructive peut-être encore dans la capitale qu'ailleurs, à l'esprit frondeur des Parisiens, à leur manie étroite d'opposition qui se manifeste toujours contre le pouvoir quel qu'il soit, toutes les fois qu'ils ne croient pas leur tranquillité compromise; mais si la garde nationale de Paris présentait quelques périls, cela tenait aussi à la nature de l'institution elle-même.

La garde nationale, comme établissement permanent, est à mes yeux toujours extrêmement dangereuse. On conçoit que dans un moment de crise, dans un intervalle de troubles passagers, la réunion spontanée des citoyens formés en garde nationale pour défendre l'ordre matériel et déconcerter les perturbateurs, puisse être salutaire et utile. Mais dès qu'il s'agit d'une mesure durable, d'une organisation régulière, d'un concours actif et constant, les avantages disparaissent en grande partie et les inconvénients surgissent. Les bons citoyens sont sans doute toujours prêts, lorsque l'ordre est menacé, à prêter leur concours pour assurer la sûreté commune et la leur en particulier; ce n'est certes pas le courage qui leur manque, et le mobile qui les pousse est toujours noble et fécond en dévoûment. Mais lorsque le danger se renouvelle, lorsqu'il devient permanent, l'homme le plus ferme, s'il n'est pas soldat, s'il n'est que citoyen, finit par ne plus vouloir l'affronter, retenu qu'il est par les liens de famille. En effet, il n'a pas hésité à courir sur la place publique au premier appel; mais lorsqu'il rentre chez lui, près de sa femme, de ses enfants, après avoir vu tomber à ses côtés quelques compagnons, après avoir échappé lui-même à des tentatives homicides, que de tristes réflexions viennent l'assaillir! Il retournera peut-être le lendemain au poste du danger; y retournera-t-il le surlendemain? pourra-t-il résister longtemps à l'influence si puissante de l'esprit de famille? pourra-t-il s'arracher souvent aux embrassements de tout ce qui lui est cher, pour aller braver des périls dont il ne connaît que trop la gravité? Non. L'esprit de famille exclut nécessairement de la garde nationale l'esprit militaire, et compter, de la part de cette milice citoyenne, sur un concours sérieux, sur une résistance énergique et durable, en cas de troubles graves, c'est une déplorable et dangereuse erreur. Mais il y a plus. Si les affections de famille, si l'attrait du bien-être intérieur peuvent finir par neutraliser le zèle des meilleurs citoyens qui, en s'exposant au danger, jouent d'autant plus gros jeu que les nœuds qui les attachent à la vie sont plus étroits et plus doux, les mêmes motifs n'arrêtent pas ceux qui, gardes nationaux aussi, ne sont pas retenus par les mêmes liens, ne sont pas guidés par les mêmes intérêts, ne sont pas mus par les mêmes sentiments, ceux qui au fond de l'âme, par position ou par inclination, pactisent peut-être avec l'émeute. C'est ainsi que loin de trouver dans la garde nationale un secours efficace, la cause de l'ordre n'y a rencontré souvent que de dangereux adversaires, et n'a fait, en y recourant, que recruter les rangs de ceux qu'elle avait à réprimer. L'histoire intérieure de la France, depuis 1830, n'en offre que trop d'exemples, et il y a bien peu d'événements fâcheux dans nos villes, depuis cette époque, qui n'aient été grandis, envenimés, sinon causés par la garde nationale. Nous savons trop, pour ne citer que cet exemple, ce qui s'est passé à Lyon en 1831, et il est certes permis de douter que si, en 1834, la garde nationale eût été réorganisée dans cette ville, l'ordre eût pu y être rétabli et que force fût restée à la loi. Les événements avaient fini par rendre pratique cette vérité, qu'il ne faut pas compter sur la garde nationale pour rétablir l'ordre en cas de troubles; et dans la plupart des villes du royaume la garde nationale avait été successivement dissoute, ou son service était tombé en désuétude. La garde nationale de Paris presque seule était restée complètement debout, et on s'était accoutumé à dire et à croire, je ne sais trop pourquoi, qu'elle avait rendu de véritables services. Le gouvernement avait longtemps pu penser que la garde nationale de Paris, représentation armée de la capitale, qui recueillait une si large part dans les avantages d'un pouvoir fort et pacifique, de la capitale, centre de la civilisation, des arts et de la fortune, attirés de toutes parts autour du trône consolidé par la prospérité et l'éclat, le gouvernement avait longtemps pu penser que cette garde nationale était la première des garanties pour le maintien de nos institutions, si utiles, si profitables à la grande cité dont elle semblait devoir être l'émanation.

Mais cette illusion n'était plus possible. L'esprit hostile de la garde nationale de Paris s'était manifesté trop souvent dans les dernières années, et il était évident que la plupart des ennemis du gouvernement s'y étaient réfugiés, y avaient pris en quelque sorte position, pour se trouver à portée, dans un instant décisif, de se servir des vices de l'institution elle-même, pour y trouver contre le pouvoir le plus redoutable moyen de le combattre. L'existence de la garde nationale de Paris était donc aux yeux de beaucoup de gens un véritable élément de troubles, et leur apparaissait comme le seul nuage qui pût obscurcir réellement l'horizon politique. Toutefois, il ne semblait pas difficile de parer à ce danger; il fallait seulement le connaître, bien l'apprécier, et s'il y avait de graves inconvénients à en venir à une dissolution qui aurait pu provoquer beaucoup de difficultés et qu'il fallait savoir attendre, il suffisait de ne pas compter sur la garde nationale de Paris. Il fallait lui laisser ses bonnets à poil, auxquels les événements ont prouvé depuis qu'elle tenait beaucoup plus qu'à nos institutions; il fallait lui maintenir quelques postes d'honneur, quelques services à musique et à prérogatives. Mais il fallait bien prendre la résolution de ne pas recourir à son assistance en cas d'événements graves, de se passer d'elle pour les services sérieux, et d'assurer le maintien de l'ordre en dehors d'elle et sans elle. Il n'y avait pas à craindre, de sa part, d'agression, d'initiative séditieuse; pour la paralyser, il suffisait de ne pas avoir recours à elle, de se mettre en quelque sorte à l'abri de son concours.

Rien ne semble présager une révolution.

Ainsi, il n'y avait pas de cause réelle à la révolution, il n'y avait pas de griefs sérieux; les démonstrations de l'opposition, les hostilités de la presse, la mauvaise volonté, ou si l'on veut, la désaffection de la garde nationale, ne présentaient pas de dangers imminents et véritables. Comment donc la révolution s'est-elle opérée? C'est certainement là un des problèmes historiques les plus difficiles à expliquer; c'est l'événement le plus extraordinaire et le plus imprévu qui se soit peut-être jamais produit.

Evénements de Février.

L'opposition, malgré les prescriptions du gouvernement, malgré les explications catégoriques données à la tribune par le ministère, avait pompeusement annoncé un grand banquet, dit de la *Réforme*, pour Paris. Toutefois, au moment d'accomplir cette anarchique démonstration, effrayée elle-même des auxiliaires qui se réunissaient à elle, reculant devant les conséquences d'un mouvement dont elle ne pouvait se dissimuler le danger, à en juger par les indiscrétions impatientes de la plupart de ceux en qui elle avait cru trouver des instruments et dont elle n'était réellement que le jouet méprisé, découragée par la défection successive d'un grand nombre de ses membres trouvant qu'elle allait trop loin, en proie à de vives discussions parmi les éléments divers qui la composaient, elle renonça la veille à son projet et annonça que le banquet n'aurait pas lieu. Des mesures énergiques avaient été prises par le gouvernement et n'avaient pas peu contribué à faire reculer l'opposition. On put croire que les inquiétudes propagées depuis longtemps par la crainte vague de troubles, par les menaces de l'opposition et par l'irritation qu'elle avait fomentée, se dissiperaient bientôt. Toutefois, les auxiliaires de l'opposition, ceux qui à l'ombre de ses manifestations puériles cachaient des intentions de renversement, ne renoncèrent pas aussi facilement qu'elle au projet d'une démonstration hostile, soit qu'ils ne pussent plus arrêter l'élan donné à leurs affidés, soit qu'ils espérassent, malgré la reculade de l'opposition, trouver dans le déploiement de leurs forces l'occasion d'amener quelques graves collisions et d'atteindre peut-être leur but.

Le mardi, jour qui avait été indiqué pour le banquet, une foule immense couvrit les boulevarts et se porta vers les Champs-Elysées où avait dû avoir lieu la réunion (1). Ces rassemblements présentèrent bientôt un aspect offensif; quelques agents de l'autorité furent attaqués et obligés de se défendre; dans la soirée, les choses prirent un caractère plus grave; des barricades furent formées sur divers points, des désordres sérieux se manifestèrent dans plusieurs quartiers, surtout sur les boulevarts, et se prolongèrent jusque vers minuit. Cependant rien n'indiquait encore que la tranquillité publique et l'ordre fussent bien réellement compromis, et à minuit l'émeute paraissait à peu près réprimée. De nombreuses troupes étaient dans Paris, et leurs dispositions

(1) Ce jour-là, à 11 heures, les tribunes de la Chambre des Députés furent envahies par trois ou quatre cents émeutiers, qui, trouvant les abords dégarnis de troupes, en profitèrent pour forcer les portes, en présence du poste de garde nationale resté spectateur inerte de cette voie de fait. Cette circonstance devait être un grave enseignement et faire redoubler les précautions. La veille, des moyens de résistance avaient été concertés entre les ministres, pour ce point comme pour tous ceux où on pouvait redouter les attaques des factieux. Mais la résolution prise par l'opposition de ne pas aller au banquet, et connue dans la nuit de lundi à mardi, fit renoncer à tout déploiement de troupes qu'on regarda comme superflu. Le fait que nous venons de signaler aurait dû prouver combien était imprudente la confiance à laquelle on se livrait.

étaient excellentes; on avait voulu éviter, durant cette première journée, de les mettre aux prises avec les émeutiers; la garde municipale avait été employée à peu près seule; elle avait montré beaucoup de courage et d'énergie, et son intervention avait suffi. Le maréchal Bugeaud, nommé commandant supérieur de Paris, n'avait pas encore pris ce commandement; quelques questions d'amour-propre, soulevées par les généraux commandant à Paris, avaient peut-être contribué à retarder l'exécution de l'ordonnance rendue. D'un autre côté, il paraît que le roi, espérant toujours ne pas être obligé de déployer un appareil militaire sérieux, et désirant avec ardeur qu'il ne fût pas nécessaire d'en venir là, avait prescrit au maréchal Bugeaud, tout en le nommant, de ne prendre le commandement effectif que quand il lui en donnerait l'ordre verbal, et cet ordre, il n'avait pas cru devoir encore le lui donner (1).

Le mercredi matin, la garde nationale commença à se rassembler; elle avait été convoquée la veille au soir. Cette

(1) La nomination du maréchal Bugeaud fut arrêtée dès le mardi, mais ne fut pas signée alors. Le maréchal n'en fut informé que dans la nuit du mercredi au jeudi. Il s'installa à minuit à son quartier-général au bivouac de la place du Carrousel, il fit de promptes dispositions, mit ses colonnes en marche et communiqua aux chefs sa confiance dans le résultat de la lutte qui allait s'engager et dont les chances favorables étaient selon lui infaillibles. Le lendemain jeudi à huit heures du matin, mandé aux Tuileries, il y trouva le roi, MM. Thiers et Barrot. Louis-Philippe lui donna l'ordre de renoncer à l'offensive et de faire replier les troupes. « Est-ce bien là l'ordre que le roi me donne, demanda le maréchal? Louis-Philippe fit un geste affirmatif. Eh bien! s'il en est ainsi, reprit Bugeaud, votre majesté est perdue et nous tous avec elle. »

Ainsi l'appel au ministère de MM. Thiers et Barrot mit fin aux pouvoirs du maréchal avant qu'il eût pu commencer à les exercer.

En effet, comme on le verra ci-après, la première condition que ces messieurs avaient imposée au roi, pour consentir à accepter le convocation était une faute, d'après l'esprit d'opposition qui dominait dans la plupart des légions, et qu'on ne pouvait ignorer. Aussi, l'intervention de la garde nationale fut-elle, dès le principe, complètement nulle, et même, en paraissant s'interposer entre les troupes et les révoltés, elle contribua beaucoup à neutraliser la bonne volonté des militaires et à donner du courage aux émeutiers qui, en réalité, étaient très-peu nombreux. Quelques barricades s'élevèrent dans les quartiers populeux; quelques coups de fusils s'échangèrent; les cris de *à bas Guizot! vive la Réforme!* se faisaient assez généralement entendre. Toutefois, il n'y avait pas d'engagement grave, et il semblait encore évident qu'avec un peu d'énergie tout serait facile à réprimer, soit qu'on voulût refouler vivement la révolte par une attaque à fond, dont le petit nombre réel des combattants ne rendait pas le succès douteux, soit même qu'on laissât au besoin les révoltés s'amuser à faire des barricades et qu'on se bornât à concentrer les troupes autour des Tuileries, de l'Hôtel-de-Ville, des Chambres et des Ministères. On pouvait supposer, dans cette dernière hypothèse, que la garde nationale, par un sentiment de conservation, serait bien forcée de rétablir l'ordre dans les rues, de réprimer elle-même les faiseurs de barricades, et que tout ce foyer d'incendie finirait par s'éteindre et par se dissiper en vaine fumée.

Mais le roi était assailli de conseils; parmi ceux qui l'en-

ministère, avait été le renvoi des troupes dans les casernes et la révocation du maréchal Bugeaud. Ils avaient demandé de plus la dissolution de la Chambre, qui leur avait été accordée par le roi dans l'état d'oppression morale où l'avaient placé ses premières concessions. Mais on n'eut pas le temps de recourir à cette mesure et le retrait des troupes suffit pour amener en quelques heures le succès de l'insurrection et le renversement du gouvernement de Juillet.

touraient, les idées de concession avaient malheureusement un grand nombre de partisans. Beaucoup de conservateurs, d'autant plus sincères dans leurs idées conservatrices qu'ils avaient de magnifiques positions à maintenir, ne voyaient qu'avec effroi la perspective d'une lutte; ils se persuadaient qu'en cédant aux exigences de l'opposition on aplanirait tout, et qu'un changement de ministère, qui à leurs yeux ne pouvait compromettre la monarchie, consoliderait le pouvoir en le plaçant en des mains moins impopulaires. Ils ne réfléchissaient pas que rien n'est plus dangereux que de céder devant l'émeute, d'obéir à l'illégalité; ils ne voyaient pas que si le roi, ayant pour lui la majorité des Chambres, le droit, la force, la raison, défendu par un ministère fort et uni, faisait, devant des démonstrations de révolte, devant des prétentions illégales et anarchiques, le moindre acte de faiblesse, si surtout il brisait, dans une pareille situation, le ministère qui, en mesure pour résister, pouvait seul le faire avec quelques chances de succès, il ne serait plus possible de s'arrêter sur la pente fatale des concessions. Une démarche faite le mercredi matin, par M. *Besson*, pair de France, colonel de la 2e légion, homme dévoué à Louis-Philippe et à sa dynastie, et jouissant d'une grande considération personnelle, qui vint, accompagné d'un nombreux cortége d'officiers de la garde nationale, supplier le roi de changer son ministère, eut, dit-on, la plus grave et la plus fatale influence sur les résolutions de ce monarque. Il voulut voir successivement, dans la cour des Tuileries, trois légions de la garde nationale; il fut accueilli par les cris de *vive la Réforme!* et, découragé par des démonstrations auxquelles il aurait dû s'attendre et ne pas s'exposer, mais surtout ne pas obéir, il se détermina vers trois heures à former un nouveau ministère sous la présidence de M. *Molé*. La nouvelle s'en répandit promptement; elle jeta le plus grand découragement parmi les vrais amis du gouvernement, et ne fut accueillie à la Chambre des Députés, par la majorité, qu'avec les témoignages du plus vif mécontentement. En effet, il était évident qu'un pareil changement, fait dans ce moment suprême, devait porter la plus grande perturbation dans toutes les mesures prises pour réprimer le désordre, devait augmenter l'incertitude déjà si grande parmi les agents du pouvoir, détendre encore les ressorts du gouvernement et paralyser tous les moyens de résistance aux factieux. Toutefois, beaucoup de gens crurent bénévolement que tout était fini; la ville fut illuminée le soir presque spontanément; les rues étaient encombrées de foule et parcourues par des bandes chantant la *Marseillaise*, et armées en partie de sabres, d'instruments divers ou de bâtons. Cependant les démonstrations n'étaient pas très-hostiles, et on conçoit que les optimistes pussent se bercer de l'espoir que tout s'apaiserait encore. Mais ce n'était pas là l'affaire des véritables émeutiers, de ceux pour qui l'opposition n'avait été qu'un instrument, et qui, s'inquiétant fort peu d'avoir pour ministres *Guizot*, *Molé* ou tout autre, avaient bien d'autres vues et d'autres prétentions. C'est alors qu'eut lieu, vers neuf heures, devant l'hôtel des Affaires étrangères, boulevart des Capucines, un événement fâcheux, qui paraît avoir servi de prétexte à la reprise de l'insurrection, ou lui avoir donné du moins un tout nouveau degré d'exaspération et de violence. Une décharge fut faite par le poste des troupes de ligne qui occupait le ministère des Affaires étrangères, et cette décharge, dirigée sur la foule nombreuse qui encombrait le boulevart, tua ou blessa une trentaine de personnes. On cria : *Aux armes!*

Ministère Molé.

à la trahison ! on nous assassine ! on égorge nos frères ! Les cadavres furent rassemblés sur des tombereaux et promenés aux flambeaux dans Paris, et l'excitation que cette exhibition théâtrale produisit contribua puissamment à faire renaître l'insurrection à laquelle poussaient d'ailleurs, par tous les moyens, ceux qui voulaient en recueillir les fruits.

Cette fatale circonstance de la décharge faite par le poste de l'hôtel des Affaires étrangères a d'abord été l'objet de graves accusations contre le pouvoir; bientôt elle a inspiré des doutes; on avait peine à s'expliquer ses causes et son but; elle a donné lieu à beaucoup de suppositions. Maintenant, on sait à quoi s'en tenir, car les vainqueurs n'ont pas manqué de nous révéler la vérité. Un des chefs de l'insurrection était venu lui-même chercher un fusil avec lequel il avait fait feu sur le poste pour provoquer une collision; et le commandant du poste avait cru devoir répondre énergiquement à une attaque contre laquelle, dans les circonstances, il se tenait en garde, et que la foule nombreuse et hostile rassemblée au-devant de l'hôtel pouvait faire paraître tout-à-fait sérieuse. *Lagrange* a été désigné ou plutôt s'est désigné lui-même comme l'auteur de cette indigne attaque dont les effets étaient calculés à l'avance. Les tombereaux destinés à la promenade des victimes étaient, dit-on, tout prêts.

Quoi qu'il en soit, l'insurrection recommença avec plus de force que jamais. A minuit, la fusillade se fit entendre sur un grand nombre de points, et le jeudi matin les barricades s'élevèrent par centaines. La révolte avait beau jeu. La plus grande anarchie régnait parmi les défenseurs de l'ordre; personne ne commandait, personne n'osait prendre sur soi le moindre acte énergique. La garde nationale ne participait pas positivement à l'émeute, mais elle semblait y sourire malignement comme à un acte d'opposition; elle paraissait l'encourager. Les troupes, au contraire, et surtout par l'effet de cette conduite de la garde nationale, se démoralisaient d'heure en heure.

Cependant, M. Molé avait bien vite renoncé à la possibilité de former un ministère, ou avait reculé devant les difficultés toujours croissantes de la situation. Le roi, le jeudi matin, se décida à appeler, pour le remplacer, MM. Thiers et Odilon Barrot.

Ministère Thiers - Barrot.

Ceux-ci se crurent enfin arrivés au but de leurs désirs si longtemps comprimés. Appelés à recueillir, en arrivant au pouvoir, les fruits de leur si longue et si hargneuse opposition, ils se virent maîtres de la situation; ils s'imaginèrent que parce qu'ils étaient satisfaits, tout le monde l'était ou devait l'être, et qu'ils n'avaient qu'à dire un mot pour faire rentrer l'émeute chez elle. Ils firent apposer dans Paris une belle proclamation où ils parlaient beaucoup de conciliation; dans leur candide satisfaction, ils donnèrent l'ordre aux troupes de se retirer et de laisser tous les postes à la garde nationale. Leur confiance était telle, qu'une dépêche télégraphique, datée de Paris, de *une heure après midi*, expédiée par eux dans les provinces et arrivée à Lyon dans la soirée, était conçue en ces termes : *Le roi a chargé MM. Thiers et Odilon Barrot de composer un ministère.* TOUT MARCHE VERS LA PAIX ET LA CONCILIATION.

Mais MM. Thiers et Odilon Barrot ne faisaient pas plus que M. Molé le compte des véritables chefs de la révolte. Ceux-ci, qui ne partageaient pas la satisfaction des nouveaux ministres, qui ne se payaient pas de leur élévation, ne firent que puiser de nouvelles forces dans la concession faite par le pouvoir royal, et surtout dans la retraite des troupes, qui avait été le premier ou plutôt le seul acte du ministère Thiers-Barrot. Les rassemblements populaires, loin de se dissiper, devinrent plus nombreux, plus menaçants, et se dirigèrent de toutes parts sur les Tuileries. Il n'y eut pour les arrêter, un peu de résistance, un engagement un peu sérieux, que vers le poste du *Château-d'Eau*, qui défendait les approches des Tuileries, du côté du Palais-Royal, et où la garde municipale, presque seule appelée à combattre dans tout le cours de ces événements transformés par les pompeux récits des vainqueurs en combats acharnés, déploya sur ce point, comme elle l'avait fait déjà partout, beaucoup de fermeté et de valeur. La garde nationale ne semblait toujours être que témoin, et loin de faire aucune résistance aux révoltés dont le but révolutionnaire se révélait cependant de plus en plus, les encourageait plutôt et sympathisait avec eux. Il n'y avait donc aucune force pour arrêter les insurgés; c'est ce que furent bientôt obligés de comprendre MM. Thiers, Barrot et tous ceux qui étaient aux Tuileries auprès du roi. On s'imagina alors qu'une nouvelle et dernière concession arrangerait tout, et on eut l'infamie de proposer au roi d'abdiquer, et de désigner Madame la duchesse d'Orléans pour régente du jeune comte de Paris. Le roi, étourdi par les événements graves qui se succédaient avec la rapidité de la foudre, vivement pressé par tous ceux qui l'entouraient et qui, pour la plupart, espéraient peut-être que leur autorité et leur influence se développeraient plus facilement et auraient plus de durée sous une régence, signa cette abdication.

Abdication du Roi.

Une nouvelle dépêche télégraphique, datée de *deux heures et demie* (celle qui annonçait que tout se conciliait était de *une heure*), fit savoir aux départements que Louis-Philippe avait abdiqué et que la duchesse d'Orléans était régente !

On sait que cette dernière concession devant la révolte ne fut pas plus efficace que les autres; on sait que l'original de l'acte d'abdication fut arraché avec mépris, des mains de celui qui le portait, par Lagrange, et que ce furieux ne mit que plus de rage à entraîner ses bandes vers les Tuileries.

Rien ne défendait le palais de nos rois. La garde nationale restait froide et calme devant une poignée de misérables qui allaient le souiller. Le danger devenait pressant pour le roi et pour toute la famille royale. Le duc de Nemours venait de descendre dans la cour du Carrousel pour se montrer aux troupes qui y étaient encore, mais en quelque sorte bloquées, aux troupes pleines d'ardeur, mais que personne ne commandait plus et que lui-même n'avait plus le pouvoir de faire combattre. C'est alors que le roi et les autres membres de la famille royale, sur les vives instances de ceux qui les entouraient, se décidèrent à quitter les Tuileries pour se diriger sur Saint-Cloud. Ils eurent ainsi le temps de se soustraire aux sicaires qui sans doute auraient ajouté quelques gouttes de sang royal à celui qui, depuis 1793, pèse sur la France (1). Ils purent descendre par le grand escalier du pavillon de l'Horloge, traverser les Tuileries par la grande allée et gagner la place de la Concorde. Là, arrivés au milieu

(1) Il est constant que le roi a quitté les Tuileries, parce qu'elles étaient envahies par la plus vile populace, et qu'il n'y avait pas un moment à perdre pour se soustraire aux attentats des forcenés qu'on laissait pénétrer sans coup-férir dans la demeure royale, et qui, ne trouvant point de sang à y répandre, s'y livrèrent au plus affreux pillage. Mais il est évident que le roi, après son abdication, ne pouvait pas rester à Paris. En quittant les Tuileries, ignorant encore ce qui se passait à la Chambre, Louis-Philippe voulait sans doute aller attendre à Saint-Cloud le résultat de la loi de régence. Sa fuite des Tuileries, forcée par l'invasion de la révolte, était aussi une retraite commandée par les convenances, et il n'aurait pas dû rester à Paris, lors même que l'insurrection se serait calmée devant la régence.

du peuple, ils furent encore accueillis par des acclamations, et montèrent en voiture sans hâte et sans crainte.

Cependant la duchesse d'Orléans et ses enfants n'accompagnaient pas le roi; c'est à la Chambre que la nouvelle régente et le nouveau roi devaient paraître. Le duc de Nemours, jusque-là régent par la loi, revint en hâte de la cour du Carrousel, afin d'aller aussi à la Chambre, et, donnant l'exemple de la plus noble abnégation, d'y consacrer par sa présence le changement qu'on semblait croire utile au salut de la France. Il accompagne la duchesse d'Orléans et ses deux enfants, le comte de Paris et le duc de Chartres; tous quatre se dirigent à pied des Tuileries sur le palais de la Chambre. Ils ne peuvent y pénétrer qu'avec la plus grande peine. La duchesse d'Orléans, tenant par la main le comte de Paris, entre dans la salle et se trouve au milieu des députés de la nation. On vient annoncer à la Chambre l'abdication de Louis-Philippe et faire sanctionner par le pouvoir électif la grave modification à la loi de régence qui a été proposée au roi. L'assemblée paraît émue de ce grand et touchant spectacle; mais effrayée de la rapidité des changements politiques que quelques heures accumulent, elle hésite. M. de Lamartine, qui, dans sa carrière parlementaire, s'était jadis fait remarquer, lors de la discussion de la loi de régence, par un violent discours d'opposition, dans lequel il soutenait, contrairement aux propositions du gouvernement, que la régence devait être confiée à madame la duchesse d'Orléans; M. de Lamartine, oubliant ses doctrines passées, fermant son cœur aux sentiments élevés que devait inspirer à l'âme la plus vulgaire l'aspect de cette noble mère et de son jeune fils présenté par elle à la nation pour roi; M. de Lamartine, entraîné par l'orgueil, descendant au rôle d'un conspirateur sans pitié, s'efforce, par un discours froid et astucieux, de comprimer les inspirations généreuses qui vont entraîner l'assemblée; il cherche à retarder, par une aride discussion parlementaire, un acte qui doit être tout d'entraînement; il s'efforce d'empêcher, par des arguties d'opposition, une proclamation à laquelle l'assemblée va être poussée par l'enthousiasme et le sentiment du devoir; il n'a qu'un but : il veut gagner quelques instants; il veut donner à ses affidés du dehors le temps de violer le sanctuaire de la représentation nationale, de venir imposer leur volonté de carrefour à la France! Il n'y réussit que trop. Quelques misérables, facilités d'ailleurs, dit-on, par le général (1) qui commandait les troupes laissées à la garde du palais de la Chambre, viennent à bout de vaincre les obstacles qui leur sont opposés. Ils s'introduisent comme des furieux dans la salle des séances; ils sont armés et poussent de sauvages et atroces vociférations; ils couchent en joue la princesse, ses fils, le duc de Nemours, le président de la Chambre. Celui-ci lève la séance, laissant ainsi la salle au pouvoir des factieux; quelques amis fidèles, effrayés

(1) M. Emmanuel Arago s'est publiquement vanté à Lyon, dans un banquet dont il était l'amphitryon comme commissaire-général faisant fonctions de préfet, que les émeutiers, dont il se glorifiait naturellement d'avoir fait partie, n'avaient pu pénétrer dans la Chambre que grâce au concours du général Bedeau. M. Arago était en casquette et en blouse au nombre de ceux qui envahirent la Chambre. M. de Lascours, lieutenant-général commandant à Lyon, se trouvait à Paris dans cette fatale journée et était allé à la Chambre des Députés, à la tribune des Pairs, pour assister à la séance. Il fut donc témoin de l'effroyable scène qui s'y passa. Quelques jours après, traversant Lyon pour se rendre chez lui à Alais, il dut aller à la préfecture pour visiter celui qui remplissait les fonctions de préfet. Il fut extrêmement surpris de reconnaître dans M. Arago l'un des furieux dont les traits, l'attitude et la violence l'avaient vivement frappé pendant la scène du 24 février, et qui, en costume d'ouvrier, s'était trouvé tout près de lui dans les couloirs de la Chambre.

des dangers qui menacent les princes, et voyant leurs jours compromis dans cet effroyable désordre, se hâtent de les faire sortir par un couloir. Le duc de Nemours, la duchesse d'Orléans et ses fils s'échappent au milieu de la foule à travers mille dangers, et sont même bientôt séparés par les flots tumultueux qui les entourent. Les députés se dispersent; une poignée de furibonds occupent leurs places. Ils osent faire un simulacre de séance; ils osent, secondés par quelques députés parjures leurs complices, proclamer un gouvernement provisoire!

Les membres de ce gouvernement, ne puisant ainsi leurs pouvoirs que dans la proclamation de quelques misérables qu'ils appellent le peuple, courent à l'Hôtel-de-Ville, aux principaux ministères, et, soutenus par cette populace aveugle et brutale, par ce ramassis du rebut de la société, qui dans une capitale est toujours au service du désordre, ils proclament dans la soirée le gouvernement républicain!

La République proclamée.

Voilà la Révolution de Février. Voilà l'origine de ce pouvoir fatal qui, par sa seule apparition, a accumulé tant de maux sur la France; qui, en peu de mois, a fait descendre ce noble pays du comble de la prospérité à la plus effroyable barbarie.

Comment le président de la Chambre n'eut-il pas la pensée de convoquer ailleurs la majorité, pour opposer ses actes à ceux d'une indigne usurpation? Comment cette majorité ne se réunit-elle pas spontanément, entraînée par le sentiment d'indignation que devait lui inspirer l'odieux attentat consommé contre elle, contre le pays, contre l'ordre social, par une poignée de factieux? Comment le duc de Nemours ne chercha-t-il pas à rallier quelques-uns des régiments de la garnison de Paris, qui, pour la plupart, étaient pleins de dévoûment? Il semble que les pouvoirs publics, réunis autour de la capitale, protégés par les troupes fières de répondre à leur appel, auraient bientôt fait ouvrir les yeux à la vraie population de Paris, surprise par un changement révolutionnaire qu'elle avait été loin de prévoir et de désirer dans sa sotte manie d'opposition. Peut-être que tout le mal aurait encore pu être réparé!

Il n'en a pas été ainsi. L'énergie a manqué partout; le dévoûment ne s'est montré nulle part. Cette triste vérité s'explique par l'incroyable rapidité des événements qui a frappé tout le monde de surprise et de stupeur, qui a neutralisé tous les courages. On l'a dit, et rien n'est plus vrai : la Révolution de **1848** a été un escamotage dans lequel l'imprévu a joué le principal rôle. Il faut, toutefois, reconnaître que la nomination du ministère Thiers-Barrot, les mesures prises par ceux-ci dans leur aveugle confiance, pendant les quelques heures où ils se sont vus au pouvoir, et surtout la dispersion des troupes, avaient rendu la résistance bien difficile. C'est par là qu'il faut chercher l'explication de ces si inexplicables événements, de cette si prompte et si lourde chute.

La résistance était facile.

La résistance était facile dans le début, parce qu'il n'y avait, on ne saurait trop insister sur ce point, qu'un petit nombre de véritables insurgés, de combattants sérieux. Il ne fallait que vouloir les réprimer énergiquement. La répugnance du roi à voir s'engager un combat qu'il redoutait parce que le sang français devait y couler, a eu les plus terribles conséquences. Rien de plus louable, sans doute, de plus noble que ce sentiment d'humanité dans un souverain qui veut surtout ménager la vie de ses sujets; mais si ce sentiment conduit à la faiblesse, il produit des résultats tout opposés au but qui lui a servi de mobile, et les cruels enseignements de nos discordes civiles nous ont trop appris que les ménagements dictés par le désir d'épargner le sang humain en ont souvent fait répandre des torrents. N'est-ce pas ce que nous avons vu en Février? Si une résistance militaire sérieuse eût été opposée aux factieux, nous aurions eu à déplorer des pertes bien moins douloureuses et bien moins considérables sans doute que celles qui nous ont été imposées depuis. Et qui sait les sacrifices qui doivent encore être la conséquence de ces terribles événements! Il est certain que la Révolution de Février a fait immédiatement peu de victimes et a coûté peu de sang au pays; car, malgré tout ce qui a été dit sur les héroïques combats des barricades, on a vu que la résistance avait été à peu près nulle, et il est maintenant avéré que, par suite de la lutte, il y a eu à peine en tout *cent morts*, tant du côté des assaillants que de celui des défenseurs du pouvoir. Faut-il s'en féliciter? n'éprouve-t-on pas au contraire un certain sentiment de honte en pensant qu'un si immense résultat s'est accompli presque sans coup-férir? que l'ordre a succombé devant le désordre, en quelque sorte sans résistance? Ah! si Louis-Philippe avait, dès le principe, compris que le premier devoir d'un souverain est d'assurer le maintien des institutions, et que contre l'insurrection il faut surtout déployer la force, aurions-nous à le regretter? Le système de douceur lui avait à la vérité réussi jusque-là, et c'est dans le succès de sa politique précédente contre les factieux, qu'il trouvait peut-être les excuses de la faiblesse qui a caractérisé sa conduite pendant la suprême épreuve de 1848. Aux yeux de la postérité, cette faiblesse ne saurait être révoquée en doute, et là est certainement la grande cause de la chute de la royauté d'Orléans. Dans les vives luttes que Louis-Philippe avait eu précédemment à soutenir contre l'anarchie, surtout au commencement de son règne, il n'avait jamais pactisé avec la révolte; il avait été faible, trop faible peut-être dans la répression des attentats des factieux; mais il ne l'avait jamais été devant leurs attaques; il avait su les combattre. Malheureusement il en a été tout autrement en 1848. D'ailleurs, l'indulgence qui avait été déployée par le passé, loin de justifier la conduite tenue en 1848, a contribué peut-être aux désastreux résultats que nous avons à déplorer. En effet, il est bon de remarquer que les plus célèbres coopérateurs de la Révolution de 1848, les hommes d'action, les Lagrange, les Barbès, les Caussidière, etc., etc., avaient déjà trempé dans diverses conspirations; que, jugés avec la plus grande indulgence, ils avaient été ensuite graciés par le roi, et qu'à leur égard la belle prérogative de faire grâce a eu pour résultat de placer dans les rangs des insurgés de Février des chefs énergiques accoutumés aux émeutes, familiarisés avec toutes les pratiques révolutionnaires, et sans lesquels peut-être le succès n'eût pas été obtenu par la révolte.

Loin donc de voir les causes de la Révolution de 1848 dans la résistance du roi et de son ministère à entrer dans les voies de concession où l'opposition voulait les entraîner; loin d'imputer la chute de la royauté de 1830 à des abus de pouvoir et à des tentatives d'envahissement sur les libertés publiques, je n'hésite pas à l'attribuer au contraire à la faiblesse de la répression opposée aux factieux, et peut-être au système d'indulgence et de douceur trop constamment pratiqué à leur égard pendant tout le règne de Louis-Philippe.

Ce qui n'a pas été moins extraordinaire peut-être que les

événements de 1848 à Paris, c'est la facilité avec laquelle la Révolution si audacieusement faite dans la capitale s'est imposée à la France entière, et ce déplorable résultat de notre centralisation si vantée semble suffire pour effacer tous ses avantages.

Soumission des provinces à la République.

Certes, la République n'était pas désirée, n'était pas attendue; loin d'exciter des sympathies, elle n'inspirait que des craintes et des inquiétudes. Cependant, sur tous les points du territoire, la soumission a été immédiate; nulle part ne s'est manifestée la moindre velléité de résistance, pas un général n'a brisé son épée, pas un magistrat n'est descendu de son siége, et parmi les agents du pouvoir on n'a vu, à part un bien petit nombre d'exceptions, que des hommes empressés d'adhérer à la Révolution, parlant de leur dévoûment à la République, et s'efforçant ainsi de sauver, dans le naufrage général, leurs positions personnelles. Ce spectacle a été affligeant et peu honorable pour la nation. Faut-il y voir les symptômes d'une sorte de désorganisation sociale, une preuve de l'absence de toute nationalité, de tout sentiment élevé? Faut-il en conclure que, comme on l'a quelquefois reproché à Louis-Philippe, ce prince, dans le cours de son règne si sage d'ailleurs, avait cherché trop exclusivement à s'appuyer sur les intérêts matériels, et avait fini par matérialiser en quelque sorte la nation? Les intérêts sont presque toujours lâches; les sentiments sont souvent nobles et généreux. Louis-Philippe l'a peut-être trop oublié. Mais, quoi qu'il en soit, jamais gouvernement n'est tombé aussi facilement; et cependant, on ne saurait le nier, jamais gouvernement n'avait réalisé plus d'améliorations, jamais pouvoir n'avait été plus doux, jamais on n'avait vu sur le trône une famille réunissant autant de vertus, autant de qualités précieuses, et donnant moins de prise aux attaques de la calomnie. Faut-il arriver à croire que la nation française n'est pas faite pour le gouvernement représentatif? Faut-il penser que les institutions fondées sur une sage pondération des pouvoirs, et empruntées à nos voisins, ne peuvent prendre racine chez nous, privées qu'elles y sont des garanties qu'elles trouvent en Angleterre dans le caractère national, dans une aristocratie profondément constituée, dans un respect constant pour le pouvoir, fortement enraciné chez toutes les classes? Reconnaissons du moins qu'en France le pouvoir a besoin plus qu'ailleurs d'être ferme et fort, et que l'énergie est la qualité la plus nécessaire à ceux appelés à gouverner notre nation. Nous voulons sentir la main qui gouverne; la faiblesse est à nos yeux ce qu'il y a de pis, et nous sommes bien plus disposés à excuser dans le pouvoir les excès de la force et à nous y soumettre, qu'à pardonner des hésitations et qu'à répondre à des concessions.

La fuite forcée et précipitée de Louis-Philippe a été taxée de lâcheté; c'est, a-t-on dit, sous le mépris qu'il est tombé; par une cruelle ironie, on a été jusqu'à lui reprocher comme un crime la timide et dérisoire résistance opposée aux factieux! Ah! si la répression avait été sérieuse, si l'ordre avait été rétabli par la force légale, combien le langage aurait été différent! Il n'y aurait pas eu assez d'éloges pour la sage fermeté de Louis-Philippe; mais par-dessus tout, la France ne serait pas tombée dans l'affreux abîme où elle est plongée!

Les Princes abandonnent l'Algérie.

Un dernier épisode de la Révolution de Février est venu donner un nouvel exemple de cette aveugle soumission aux volontés prétendues populaires, de cette hésitation à la résistance, qui ont caractérisé la conduite de Louis-Philippe dans ces fatales circonstances. Ce fait, qu'il faut imputer non à ce monarque, mais à ses fils, est peut-être le plus inexplicable de tous les événements qu'a offerts cette époque si extraordinaire.

Le prince de Joinville et le duc d'Aumale se trouvaient en Algérie au moment de la Révolution; ce dernier y était revêtu des hautes fonctions de gouverneur-général; il y avait été accueilli de la manière la plus favorable; sa popularité était extrême, soit parmi les colons, soit parmi les troupes. Son frère, le prince de Joinville, avait révélé de très-grandes qualités vivement appréciées par toute la nation; la marine spécialement voyait en lui son représentant, son chef, et lui montrait dans toutes les occasions le plus absolu dévoûment. Ces deux princes étaient fort jeunes, dans l'âge de la force, de la volonté et de l'ambition; ils étaient réunis, ils pouvaient l'un l'autre se consulter, s'encourager, s'inspirer de grandes résolutions. Ils avaient sous leurs ordres une armée de près de cent mille hommes. A l'abri des atteintes de la presse, armés d'un pouvoir purement militaire, défendus par la mer des attaques de toute nature, leur puissance sur la magnifique colonie qu'ils avaient eux-mêmes contribué à étendre et à compléter, semblait devoir être sans bornes, surtout dans les circonstances graves qui bouleversaient la métropole. Eh bien! sur la simple communication de la dépêche télégraphique annonçant d'une manière sommaire les incroyables événements qui venaient de s'accomplir à Paris; à la réception d'une lettre perfide du président du gouvernement provisoire, *Arago*, ils renoncent à tout; ils ne savent exprimer que des regrets, que répandre des pleurs ; ils se soumettent immédiatement !..... A qui? à quoi?.....

Ah ! si au lieu de s'abandonner aux inspirations d'une si complète résignation, si même, sans lever l'étendard de la résistance contre le pouvoir qui venait de s'improviser, ils s'étaient bornés à déclarer hautement qu'ils attendaient les événements, qu'ils conservaient fidèlement la colonie pour la France, quel que fût son gouvernement ; si, tout en parlant ainsi, ils avaient concentré de plus en plus les pouvoirs en leurs mains, combien leur position se serait trouvée belle sur cette terre française, en face de la France livrée à la plus effroyable anarchie ! Ils auraient fait trembler sur leurs siéges éphémères les chefs inhabiles du gouvernement provisoire, condamnés à accomplir si promptement tant de désastres, à accumuler tant de fautes. La crainte qu'ils auraient inspirée de loin à nos débiles anarchistes aurait empêché peut-être beaucoup d'actes irréparables, aurait prévenu beaucoup de maux. Bientôt, sans doute, la France entière, désabusée des folles utopies jetées en pâture à la populace ; effrayée des absurdes systèmes essayés sur elle ; indignée de l'incapacité, de l'ignorance, de la lâche cupidité des misérables artisans d'une révolution aussi dépourvue de motifs réels que féconde en folles et terribles conséquences, la France aurait rappelé à grands cris les deux jeunes princes sur la terre de la patrie. Il leur aurait été donné peut-être, de même qu'à Napoléon en 1815, en reparaissant avec une faible partie de leur armée, de renverser comme par enchantement un gouvernement antisocial, d'accomplir la réparation d'une inique et sauvage révolution. Ils auraient pu rendre le calme à leur pays, à l'Europe, raffermir sur ses bases l'ordre ébranlé de toutes parts et conserver à leur famille le plus beau trône du monde! Au lieu de cela, qu'ont-ils fait? que pourront-ils faire jamais, après avoir repoussé le magnifique rôle que la Providence leur offrait?

DE LA DÉMONSTRATION DU 15 MAI 1848.

(**Ecrit en Juin** 1848.)

La tentative du 15 mai présente l'analogie la plus frappante avec la Révolution de Février. C'est absolument la même chose : une bande de furieux envahissant la Chambre, s'emparant de la tribune, proclamant la dissolution du pouvoir, et nommant un gouvernement provisoire. Le succès qui reste acquis aux révoltés de Février finit par échapper à ceux du 15 mai, voilà toute la différence. Les acteurs ne sont pas même changés ; les chefs du mouvement du 15 mai, pour la plupart, figuraient aussi aux premiers rangs parmi les vainqueurs de Février, et dans les deux démonstrations, les véritables hommes d'action, les hommes *aux bras nus*, étaient presque tous les mêmes. Avaient-ils plus de torts la seconde fois que la première? Il est difficile de l'établir, et peut-être soutiendra-t-on le contraire.

Tout le monde sait maintenant à quoi s'en tenir sur les griefs contre le pouvoir, qui ont servi de point d'appui à la Révolution de Février, et l'expérience nous a appris combien était, au fond, vide de sens le cri de *vive la réforme*, qui servait alors de ralliement à tous les agitateurs, et dont tant de niais ont été dupes. La victoire obtenue, il n'a plus été question de *la réforme*, du moins de celle qu'on demandait avec tant d'instances et de passion, et les républicains de la veille, naguère saisis d'une si sainte indignation contre les fonctionnaires députés, n'ont pas perdu de temps pour donner le plus scandaleux démenti à leurs prétendus principes, en s'emparant de tous les postes lucratifs, de tous les rôles actifs et en les cumulant sans pudeur avec les fonctions législatives. La royauté a été renversée; c'est un fait devant lequel il faut s'humilier, surtout si, par un regard rétrospectif, on cherche à se rendre compte des causes ou plutôt des prétextes de sa chute. Il n'y avait pas, convenons-en aujourd'hui, de griefs réels en Février **1848**; il n'y avait que les griefs imaginaires créés par la presse, exploités par les ambitieux et propagés aveuglément par les ignorants, les incapables et les politiques d'estaminet. Les plaintes qu'on exhalait n'étaient que futiles, et bien fin aurait été celui qui y aurait vu un danger sérieux de révolution. En était-il de même lors de la tentative du **15** mai? et les mécontents de cette époque n'avaient-ils pas à s'appuyer sur des prétextes bien plus spécieux, bien plus vrais?

Après le succès de Février, le gouvernement provisoire et tous ceux qui profitaient réellement de la victoire, n'ont cessé de crier sur tous les tons, et d'imprimer sous toutes les formes, que la révolution était faite *par le peuple et pour le peuple;* ils ont promis, de la manière la plus solennelle, *l'organisation du travail, l'amélioration de la situation des travailleurs, etc., etc.* Ces promesses étaient dérisoires; elles étaient imprudentes, et ceux qui les faisaient ne les comprenaient peut-être pas, entraînés qu'ils étaient par le plus pitoyable aveuglement, par l'ignorance la plus complète des questions qu'ils tranchaient si résolument dans leur ivresse. Mais ces promesses, accueillies comme des oracles par les masses populaires, ne pouvaient aboutir qu'aux plus amères déceptions.

En effet, plus on creuse cette question si sottement posée de l'organisation du travail, plus on reconnaît combien il est dangereux, combien il est impossible de vouloir la résoudre d'une manière absolue par des mesures législatives. L'expérience de tous les temps l'a depuis longtemps appris, et les déductions théoriques le démontrent comme les faits; il n'y a que deux moyens d'améliorer le sort des agents de l'industrie, de ceux que vous appelez plus spécialement *travailleurs*. Le premier de ces moyens consiste à augmenter la richesse publique par le développement de tous les avantages de la paix, de la civilisation, de l'aisance générale; à accroître ainsi les consommations de toutes sortes, et par conséquent la somme des salaires de toute nature qui en sont le prix. Le second moyen est de diminuer les besoins des travailleurs, et on y arrive surtout en les moralisant, en les familiarisant avec des habitudes d'ordre et d'économie, en les appelant aux jouissances de famille, en les affranchissant, autant que possible, des vices qui infectent plus généralement les grandes populations agglomérées et des besoins factices qui en sont la suite.

Est-ce là ce que vous avez fait depuis la Révolution de Février?

Vous avez fait tout le contraire. D'une part, en jetant la terreur dans toutes les classes de la société; en menaçant surtout celles qui, par l'emploi de leurs richesses, entretenaient plus spécialement l'industrie; en arrêtant immédiatement par votre présence aux affaires, et par les mesures iniques et absurdes que vous avez prises, tout commerce, toute confiance, toute sécurité; vous avez, comme par enchantement, tari les sources d'où jaillissaient le travail et le bien-être pour les classes de la société dont vous aviez si solennellement promis d'améliorer le sort. D'autre part, loin de les moraliser, vous avez développé parmi elles les plus mauvais sentiments, les plus fâcheuses inclinations; vous leur avez ôté le goût du travail; vous n'avez fait germer, dans des têtes qu'il aurait fallu calmer et non pas volcaniser, que des idées fausses, subversives et anti-sociales. En un mot, lorsque, grâce à vous, les sources du travail étaient épuisées, vous rendiez en même temps les travailleurs incapables de travailler.

C'est ainsi que vous avez procédé à ce que vous appeliez l'organisation du travail! Mais vous ne pouviez faire autrement; vous étiez d'avance condamnés par la folie de vos promesses à y manquer indignement. Vous avez donc trompé le peuple; après avoir appelé son concours par les plus basses flatteries, par les plus fallacieuses espérances, vous n'avez tenu aucun de vos engagements, et vous avez gardé pour vous seuls les bénéfices de la Révolution. Le peuple n'est-il donc pas irrité à juste titre? Ses plaintes au 15 mai ne sont-elles pas plus fondées que les vôtres au 24 février?

Voilà pour le peuple, voilà pour les travailleurs, voilà pour les questions matérielles. Mais si nous passons à un autre ordre d'idées, si nous interrogeons le sentiment national, qui dans les révolutions est toujours un puissant mobile, ne trouvons-nous pas là aussi une excuse pour les factieux du 15 mai?

Vous avez toujours reproché au gouvernement déchu sa prétendue lâcheté; vous appeliez la paix dont il nous a fait jouir si longtemps, une *halte dans la boue*; sa politique était suivant vous honteuse pour le pays, que vous représentiez comme constamment sacrifié à l'étranger. C'est en répétant sur tous les tons ces accusations de faiblesse, c'est en reprochant sans cesse à Louis-Philippe et à son gouvernement de ne pas faire la guerre à l'Europe, d'abandonner la Pologne, de ne pas rompre avec l'Angleterre plutôt que de payer la malheureuse indemnité Pritchard; c'est par ce langage de matamores que vous vous êtes toujours efforcés de caresser les idées un peu soldatesques qui nous ont été léguées par l'empire, de chauffer le *chauvinisme*, d'irriter l'amour-propre national, d'exciter la manie de guerroyer; et puis, quand vous êtes au pouvoir, vous vous bornez à faire des phrases; vous dites aussi, comme ces doctrinaires si méprisés par vous, que vous ne voulez pas intervenir; vous laissez froidement se débattre contre leurs oppresseurs les Italiens, les Allemands, les Polonais, que vous avez de toutes parts poussés à la révolte! Convenez-en, les sentiments auxquels vous avez si longtemps fait appel devaient produire une explosion, et en criant, le 15 mai, *vive la Pologne*, le peuple ne faisait que vous rappeler vos patriotiques protestations, que vous sommer de faire enfin ce que vous aviez si souvent reproché aux autres de ne pas faire.

La tentative du 15 mai ne semble donc pas plus coupable que la révolution du 24 février, et il sera difficile d'en poursuivre sérieusement les auteurs, de requérir contre eux des punitions sévères. Leur réponse aux accusations sera facile, et deviendra la plus énergique condamnation des hommes actuellement au pouvoir.

Il y aura peut-être aussi une autre considération à faire.

valoir en leur faveur. Cette tentative révolutionnaire a eu un caractère tout particulier; c'était une révolte à l'eau de rose. Cette presque dissolution de l'Assemblée nationale, cette semi-révolution, a eu lieu sans qu'il ait été répandu une goutte de sang, sans, en quelque sorte, qu'une chiquenaude ait été donnée. Sous ce rapport, il faut convenir que nous sommes en véritable progrès, et que l'art d'opérer des révolutions a fait d'immenses pas. On sait combien de sang a coûté notre grande et première révolution; celle de 1830, qui n'a provoqué de résistance qu'à Paris, a cependant coûté la vie à plusieurs milliers de victimes. Quant à celle de Février 1848, qui a changé bien plus profondément encore toutes les bases de l'ordre social, et dont les conséquences sont si graves, non-seulement pour la France, mais pour l'Europe entière, dans les combats *héroïques* qui l'ont amenée, à peine *cent* combattants ont succombé parmi les agresseurs, parmi les vainqueurs, si fiers de leur succès. Lorsqu'il a été question de consacrer la victoire par une cérémonie funèbre en l'honneur des victimes, on a eu la plus grande peine à se procurer quinze cadavres pour garnir les catafalques. La presque révolution du 15 mai a été mieux encore; car la victoire avait été obtenue, la dissolution de la chambre prononcée, un gouvernement provisoire proclamé, sans que personne eût été ni tué ni blessé; et les vainqueurs ont été vaincus à leur tour, ont passé du faîte du pouvoir à la prison, sans que, pour ainsi dire, une taloche ait été reçue. Il faut convenir que cela ressemble furieusement à une comédie, à un jeu tel que se le permettent quelquefois les écoliers.

Ce résultat paraît bizarre, surtout avec la manie militaire qui semble s'être emparée de la bourgeoisie, du peuple, de tout le monde. Chacun est armé; Paris, un jour de revue, ressemble, dit-on, à une forêt de quatre cent mille fusils; chaque citoyen laisse croître ses moustaches et porte képy; on se lève de grand matin pour faire l'exercice, il n'est question que de *porter armes*, de *croiser la baïonnette*, etc., etc., et par le plus grand des miracles, malgré tout cet appareil guerroyant, en dépit de toutes ces démonstrations militaires, les séditions les plus graves, les manifestations révolutionnaires les plus menaçantes ont lieu, et finissent même par être réprimées, sans que personne puisse se plaindre d'une égratignure. Cela est admirable et édifiant; il y a, je le répète, progrès.

C'est avec raison, sans doute, qu'on attache une très-grande importance à éviter l'effusion du sang humain. On a aboli la peine de mort; on s'arme, on se bat sans se faire de mal; tout cela est très-bien. Toutefois, convenons-en, il y a quelque contradiction entre les habitudes militaires et la prétention à ne pas répandre de sang. Il semble que le meilleur moyen, pour marcher vers la paix universelle, serait le désarmement général, et que, loin de conduire à ce but, la manie qu'on a eue, dans ces derniers temps, d'armer tout le monde, doit amener, en définitive, des collisions armées sérieuses, et faire inévitablement couler beaucoup de sang à une époque quelconque.

Maintenant ce n'est pas cela; on s'est armé, on ne parle que de combats et de guerre, on ne manque pas certes d'occasions pour recourir aux armes; mais on fait de grands efforts pour ne pas s'en servir, et on en vient à bout.

A Lyon, par exemple, nous avons une magnifique garde nationale; vingt-cinq mille hommes y sont armés et manœuvrent parfaitement; c'est superbe. Eh bien, malgré cette belle force militaire, nous voyons, depuis trois mois, quatre ou cinq cents individus, qu'on ne sait comment qualifier, réunis illégalement, et en dehors de toute règle, sous le nom de *voraces*, faire continuellement la loi et à la garde nationale, et à la garnison, et à toutes les autorités. Les prétentions les plus absurdes, les plus insolentes se sont manifestées à plusieurs reprises de la part de cette petite bande de héros, et tout ce qu'il a plu à ses chefs de demander leur a été immédiatement et promptement accordé. Chaque fois on nous disait : *On a eu tort de céder, sans doute ; mais c'est pour éviter l'effusion du sang ; personne, dans ces derniers temps, n'a encore été tué à Lyon ; il vaut bien mieux céder pour avoir la paix.*

Ce pacifique système a jusqu'à présent été très-populaire. C'est fort bien. Mais alors pourquoi être armé ? Pourquoi faire blanc de son épée ? Que dirait-on d'un général d'armée qui, harcelé de toutes les manières par un ennemi faible et insolent, aurait constamment refusé la bataille, et aurait consenti à passer sous les fourches caudines, le tout pour éviter l'effusion du sang ? Que dirait-on d'un commandant de place qui aurait remis, sans coup férir, à des assaillants peu redoutables, la forteresse confiée à sa défense, et qui ensuite viendrait se vanter d'avoir évité ainsi toute blessure à ses soldats ?

Telle est, cependant, à peu près la position dans laquelle se sont placées depuis trois mois les autorités qui président aux destinées de la seconde ville de France. Il y a mieux, ce que nous avons vu est plus condamnable encore. Car il est évident qu'avec les forces imposantes dont on pouvait disposer, il n'y aurait eu besoin, si on avait réellement voulu nous rendre l'ordre, que d'un peu de fermeté, et qu'en agissant ainsi, l'effusion du sang était bien moins à craindre qu'avec la marche qui a été suivie.

Au nom de Dieu, ne prenez pas une attitude si guerrière ! ou bien agissez un peu plus militairement.

LETTRE ADRESSÉE

AU JOURNAL *L'ASSEMBLÉE NATIONALE*

SUR L'ÉLECTION DU PRÉSIDENT.

Lyon, le 20 Novembre 1848.

MONSIEUR LE RÉDACTEUR,

Le courage et le talent que vous avez consacrés dès les premiers jours qui ont suivi la Révolution de Février, à défendre les bases de l'ordre social, si violemment attaquées de toutes parts, vous ont promptement acquis les sympathies des hommes de bien et des vrais amis de leur pays. Je me suis empressé de me ranger au nombre de vos lecteurs assidus et de vos abonnés, et, jusqu'à ce jour, j'ai partagé toutes vos vues, j'ai constamment approuvé vos appréciations des hommes et des choses. Je commence à n'être pas tout-à-fait d'accord avec vous sur la question de la présidence, ou plutôt de la nomination du président. Permettez-moi de vous développer à ce sujet mes idées qui, entièrement spontanées, complètement dégagées de toute vue personnelle, de toute passion politique, sont aussi à l'abri des influences de ce vaste foyer d'intrigues, de préjugés, d'ambitions, concentrés à Paris, et qui, plus peut-être qu'en province, y entourent cette question de nuages.

Le suffrage universel, appliqué à l'élection du chef du gouvernement, est une chose bien grave et toute nouvelle.

Ici, Paris perd son importance; ici disparaît ce fatal privilége qu'a eu jusqu'à ce jour la capitale de nous expédier un gouvernement par le télégraphe, de nous signifier les noms de ceux à qui nous devions obéir, de nous imposer les caprices de sa populace. Pour ce grand fait de la nomination du président, il n'y a plus de centralisation; les votes de Paris ne viendront peser, dans la balance générale des suffrages de la France entière, que pour leur appoint réel. Et, remarquez-le bien, l'influence de la capitale sur les départements, si puissante ordinairement par ses journaux, par ses circulaires, par ses missions, sera faible dans cette circonstance. Si le suffrage universel, tel que nous l'ont donné le gouvernement provisoire et ensuite la Constitution, est menteur et dérisoire, appliqué à l'élection d'une assemblée législative permanente et unique; si le système absurde du scrutin de liste, imposé aux électeurs, rend impossible, pour la grande masse des citoyens, tout choix véritable et intelligent parmi des candidats qu'ils ne connaissent pas et ne peuvent connaître, et les livre ainsi, de la manière la plus absolue, aux influences de l'intrigue et aux directions des partis violents, il en est tout autrement de ce principe appliqué au choix d'un seul, à la nomination d'un chef du gouvernement. La désignation d'un chef de la France est une question simple qu'il n'y a pas moyen d'embrouiller, dont les plus ignorants comprennent de suite l'importance, et à laquelle chacun peut répondre de soi-même et presque sans consulter ses voisins. L'expression des votes sera donc plus indépendante et plus réelle qu'elle n'a jamais pu l'être. Je n'ai pas à examiner s'il est imprudent de soumettre à tous cette nomination d'un souverain temporaire; si le choix fait ainsi, quelque libre qu'il soit, sera éclairé et ne pourra pas devenir dangereux. La position nous est faite par la République et la Constitution; il faut bien l'accepter. Je me borne à établir que les votes seront plus indépendants que jamais, qu'ils donneront, mieux que dans aucune autre circonstance, la mesure exacte de l'opinion du grand nombre, et que, pour cette fois, les influences, et surtout celles de la capitale, exerceront peu d'empire.

A cette question si simple, à cette demande de nommer un président, un chef de la France, comment répondra le peuple qui, cette fois, peut répondre lui-même? Evidemment il répondra en obéissant à un sentiment intime qui est dans l'âme de tous. Un président, un chef du pouvoir, un remplaçant des rois de France, ce doit être quelque chose en dehors des hommes ordinaires, quelque chose qui réveille les idées de commandement, de grandeur, de patrie. Personne, parmi nos bons paysans, ne saurait comprendre que le chef à nommer puisse être monsieur tel ou monsieur tel. Un sentiment indicible crie à tous qu'il faut sortir de ce cercle étroit, qu'il faut monter plus haut, qu'il faut trouver une chose, un nom qui soit, ou qui leur paraisse plus grand. Quant aux races royales, elles sont démonétisées pour le peuple, elles sont proscrites. La branche aînée des Bourbons, pour presque toutes nos provinces, ne rappelle que les ennemis de la Révolution; la branche cadette n'était pas encore, ou n'était plus populaire; elle s'est laissé tout récemment renvoyer; son rappel soulève des idées de guerre civile. Ce n'est donc pas là que le peuple ira chercher ce qu'on l'appelle à désigner. Mais il est une autre race profondément incrustée dans les souvenirs et dans les sentiments de la nation, c'est la race de Napoléon, c'est la race de l'Empereur. On ne sait pas, à Paris, jusqu'à quel point ce nom magique de Napoléon exerce de puissance sur les masses, combien il est sympathique à tous les cœurs, surtout parmi les classes inférieures de la société. Pour tous, le nom de Napoléon, c'est la grandeur, c'est l'héroïsme, c'est la patrie, c'est l'expression vraie de la révolution et de ses conquêtes réelles. Même parmi les ouvriers de nos villes, que tant de prédications insensées, tant de folles théories, tant d'excitations passionnées, n'ont que trop réussi à pervertir, le nom de Napoléon est resté intact et entouré de son auréole de vénération. Ils ne comprennent pas bien encore les vagues doctrines sociales qu'on s'efforce de populariser parmi eux; le droit au travail, le communisme, le socialisme, n'éveillent pas dans leur esprit des idées claires et précises, s'y confondent, et n'y prennent quelque consistance qu'en aboutissant à la tentatrice pensée de s'approprier le bien d'autrui. Mais Napoléon! l'Empereur! ils le connaissent tous; à leurs yeux, Napoléon est le symbole de la grandeur nationale et de l'égalité sociale; c'est en lui que se résume le seul sentiment pur et noble qui reste encore dans leurs âmes, au milieu des corruptions qui les entourent et des folies qui les égarent. Mais pour les paysans qui constituent, par leur nombre relatif, le véritable peuple, pour les habitants de nos campagnes, qui sont les vrais travailleurs, et chez lesquels les idées subversives de l'ordre social n'ont heureusement pas jusqu'ici pénétré bien avant, les souvenirs de Napoléon, plus vivaces encore, sont devenus un culte. Il n'est pas, dans le coin le plus reculé de la France, d'habitation rurale, de simple cabane, qui n'offre de tous côtés aux regards, des images de Napoléon. Ses guerres héroïques, ses revers, son exil, sa mort, ses institutions, tout cela grossi par les récits de la veillée, et, s'agrandissant chaque jour par la marche du temps, en a fait un Dieu. Lorsqu'il est question de choisir un chef pour la France, c'est vers lui, vers le nom de Napoléon, vers ce qui peut le rappeler, le représenter, vers ce qui peut en rester de vivant, que se tournent toutes les pensées populaires. Il ne faut pas s'abuser sur cette tendance; elle est générale, elle est irrésistible. En vain la raison vient dire que Napoléon n'est plus, que son neveu n'est pas lui, que ce prétendu successeur ne possède peut-être aucune des qualités du grand homme, qu'il est inconnu à la France. C'est précisément parce qu'on ne connaît de lui que son nom, que le neveu de l'Empereur est un homme à part, et que le sentiment populaire personnifie en lui les souvenirs qui battent dans tous les cœurs. En appelant Louis Bonaparte au poste de président, on croira venger Napoléon et des douleurs de sa longue captivité, crime éternel de la politique anglaise, et des indignes outrages qui ont si long-temps poursuivi sa mémoire; on croira réparer les torts de la fortune qui l'a fait mourir sur le rocher de Sainte-Hélène, loin de sa patrie et des siens; on croira relever la France des malheurs et de l'abaissement de 1815.

C'est peut-être ici le cas de remarquer combien nos républicains ont été aveugles et inhabiles, lorsqu'après la Révolution de Février, en se hâtant, dans leur haine sauvage, de proscrire les Bourbons de toutes les branches, ils ouvraient les portes de la France aux descendants de Napoléon, ne se doutant pas même que de ce côté-là pouvait être pour eux le véritable danger, ignorant que chez ce peuple vers lequel ils feignaient de vouloir reporter la souveraineté, les souvenirs impériaux avaient bien d'autres racines que les billevesées républicaines, et que, pour le grand nombre, la Révolution, la République, c'était Napoléon.

Ils ont bientôt reconnu leur faute; mais le mal est pour eux maintenant sans remède, et quelques efforts qu'ils tentent désormais, ce suffrage universel auquel ils ont voulu recourir, cette volonté populaire à laquelle ils n'ont pas craint de tout rapporter, leur enverra par l'urne du scrutin, à une grande majorité, le neveu de Napoléon pour président de la République.

Ce résultat est inévitable; en province il n'est presque personne, un peu familiarisé avec l'esprit des populations, qui n'en soit convaincu, et pour qui cette question ne soit devenue la simple appréciation d'un fait presque accompli.

Dans cet état de choses que nous n'avons pas fait, et qu'il faut admettre comme une suite des événements et comme un décret de la Providence, convient-il à l'opinion modérée et véritablement sociale, dont vous êtes l'organe le plus distingué et le plus indépendant, de se poser en adversaire du futur président de la République? Je ne le pense pas, et c'est sur ce point que je m'écarte un peu de la ligne que vous paraissez suivre; c'est pour cela que je crois devoir combattre la tendance qui semble résulter de quelques-uns de vos articles, à repousser la candidature de Louis-Napoléon.

Peut-être cette opinion que vous représentez, si elle était maîtresse de la situation et des événements, pourrait trouver, parmi les défenseurs de l'ordre et des principes sociaux, des hommes qui lui paraîtraient plus propres que le neveu de

Napoléon à ramener la société dans les voies dont l'anarchie s'efforce de la faire sortir, des hommes dont l'élévation offrirait moins de chances et de dangers, des hommes plus rapprochés du passé, moins étrangers aux institutions politiques qui depuis trente ans régissent la France, plus aptes à diriger une transition, si la destinée doit nous ramener d'une manière quelconque à ces institutions. Mais la question n'est pas là. Il est bien évident, pour les esprits les plus prévenus, qu'il n'y a que deux candidatures sérieuses, celle du chef actuel du gouvernement, le général Cavaignac, et celle de Louis-Napoléon. Tout suffrage émis en dehors de ces deux noms sera perdu, et la division des voix sur d'autres candidats ne pourrait, si elle avait quelque importance, que renvoyer la nomination à l'Assemblée nationale, c'est-à-dire à un mode pire encore que le suffrage universel. Il faut donc se garder de pousser les voix en dehors de ces deux candidats; c'est entre eux qu'il faut choisir, c'est entre eux que la question est posée, et, loin de l'éluder, il est nécessaire de l'aborder franchement.

Eh bien, l'opinion à laquelle vous appartenez peut-elle un instant songer à porter à la présidence le général Cavaignac? Quelles garanties peut-elle trouver en lui? Quelles espérances entrevoir? Ne sait-on pas que le général Cavaignac est la personnification brutale de ce que les principes républicains ont de plus absolu, de plus aveugle, de plus fanatique? Oublie-t-on que le général Cavaignac a été mis à la tête du pouvoir exécutif, non pas d'abord par l'Assemblée nationale, mais bien par le gouvernement provisoire, c'est-à-dire par les misérables artisans de tous nos maux? En se retirant forcément du pouvoir, dans l'impossibilité de faire un pas de plus, grâce à leur incapacité, à leur ignorance, à leur impéritie, ils nous ont donné le général Cavaignac comme la robe de *Nessus!* Et n'est-ce pas la présence du général Cavaignac au pouvoir qui, depuis les événements de juin, a neutralisé le sentiment d'indignation se manifestant de toutes parts contre les auteurs de notre fatale Révolution, qui les a préservés jusqu'à présent du châtiment que leur réserve sans doute la Providence! Que dis-je! qui les a perpétués dans l'usurpation de tous les emplois, de tous les honneurs, qui leur a laissé la dilapidation de la fortune de la France, qui leur a remis l'exploitation des misères publiques au dedans, comme de l'honneur national au dehors? La France peut-elle, sans se couvrir de ridicule, placer à la tête de son gouvernement, au-dessus de toutes les illustrations qu'elle recèle encore, un homme dont le nom n'était connu que par les crimes de son père et les folies démagogiques de son frère, un petit général obscur qui n'a révélé sa propre existence que par quelques combats sans éclat et sans gloire contre les Arabes, et enfin par l'insurrection de juin, triste victoire à laquelle, comme tant d'autres qui ont payé de leur sang, il a été appelé à concourir, mais dont, comme ministre de la guerre, s'il avait alors accompli tous ses devoirs, il aurait peut-être pu prévenir la cruelle nécessité? Ne faut-il pas, surtout, que le futur président soit doué d'un caractère ferme, d'un esprit droit, qu'il ait de la justesse et de la tenue dans les vues et dans les idées? Et ne sont-ce pas précisément les qualités qui manquent au général Cavaignac? Ignore-t-on quel déplorable spectacle il donna à la colonie d'Alger, lorsque, improvisé gouverneur général, immédiatement après la Révolution de Février, il signala sa prise de possession de ces fonctions élevées par les actes les plus excentriques, les plus inexplicables? Non, monsieur le rédacteur, pour les hommes qui partagent vos principes, il n'y a rien de bon à attendre du général Cavaignac, rien à espérer. Il a tout à la fois l'entêtement et le fanatisme d'un républicain de la veille, l'aveuglement et la faiblesse d'un républicain du lendemain. Son nom se lie de la manière la plus intime à tout ce que la Révolution de 1848 a d'odieux et de redoutable; il n'offre pas la moindre garantie. Rien de pis, dans l'état des choses, ne saurait être appelé à la présidence, et quel que fût le candidat opposé au général Cavaignac, il faudrait le choisir avec empressement, parce qu'avant tout il est nécessaire de délivrer le pays des misérables charlatans qui l'exploitent, et que le général Cavaignac est leur véritable soutien, la clef de l'édifice monstrueux et éphémère dont nous devons d'abord poursuivre la chute.

Mais Louis-Napoléon a-t-il besoin, pour arriver à la présidence, d'y être poussé par le sentiment profond d'exclusion qui doit à tout prix, suivant moi, en éloigner le général Cavaignac? Je ne sais. Toutefois, dans la situation des choses, et abstraction faite de ses facultés personnelles que je ne connais pas, le neveu de Napoléon me paraît réunir de grands avantages pour le poste élevé de président. Il possède incontestablement une qualité fort rare et bien précieuse pour le rôle auquel il semble appelé; c'est la résolution, la hardiesse de conception et d'exécution, l'audace. A coup sûr, les tentatives de Strasbourg et de Boulogne démontrent, au plus haut degré, que celui qui s'y est livré se joue des difficultés et des obstacles, et ne saurait, pour les affronter, reculer devant aucun danger. Si nous reportons nos souvenirs vers ces bizarres levées de boucliers contre le gouvernement de Louis-Philippe, elles nous parurent, dans le temps, presque des actes de folie, et, au point de vue où nous étions placés, on comprend qu'on pût les juger ainsi. Mais il faut en convenir aujourd'hui avec humilité, Louis-Napoléon connaissait mieux que nous toute la puissance du sentiment populaire sur lequel il voulait s'appuyer; mieux que nous, il jugeait que Louis-Philippe et sa dynastie n'avaient pas de profondes racines dans la nation; mieux que nous, il savait, ce que nous a trop appris depuis la Révolution de Février, combien il était facile de renverser ce gouvernement que, dans notre optimisme, nous jugions alors si solidement établi. Le prestige du nom de Napoléon sur les masses, qui leur fera accepter avec empressement, venant de ce côté, ce qu'elles ne se laisseraient peut-être imposer par personne; le bonheur d'avoir été toujours étranger à nos discussions politiques, de s'y trouver sans antécédents et de pouvoir ainsi se maintenir au milieu des opinions opposées, dans une sphère élevée, donneront à Louis-Napoléon, s'il arrive à la présidence, une force que nul autre ne saurait avoir, et qui lui assurera l'influence la plus salutaire sur les destinées de la France, quelles que soient celles que nous réserve la Providence.

Ou la République, telle qu'on nous l'a faite, renferme des éléments de durée, et peut, comme quelques esprits bien faits aiment à l'espérer, se maintenir et donner de la sécurité, du repos et de la prospérité à la France; ou elle doit succomber dans de nouvelles commotions politiques et nous rendre, tôt ou tard, des institutions monarchiques d'une nature quelconque.

Dans l'une et dans l'autre hypothèse (il n'en est pas d'autre possible, et il faut bien les prévoir toutes deux), dans l'une et dans l'autre hypothèse, l'élection de Louis-

Napoléon à la présidence ne saurait qu'être favorable au pays.

Si la République doit vivre, personne ne peut occuper plus utilement, plus nationalement, le poste de président. Dégagé de tout lien avec les partis, ne devant rien aux républicains, dominant, par la popularité de son nom, les prétentions soi-disant populaires qui, sous le nom de socialisme, de communisme, sont maintenant les véritables dangers de la société ; adversaire naturel des deux branches royales, et par cela à l'abri de tout soupçon de trahison à leur profit ; rappelant, par son arrivée au pouvoir, la grandeur de la France et relevant plus que jamais, aux yeux de l'étranger, l'indépendance du drapeau tricolore ; placé par son origine au-dessus des jalousies et des ambitions qui poursuivraient tout autre nom sorti de la foule pour arriver au rang suprême de Président, Louis-Napoléon serait la personnification la plus noble, la plus digne, la plus nationale du chef temporaire de la République française.

Mais si la Constitution républicaine qui vient de nous être donnée porte en elle-même des germes de mort ; si les institutions démocratiques qu'elle a pour but de consacrer ne peuvent solidement s'implanter dans nos mœurs ; si les formes républicaines doivent disparaître devant les difficultés pratiques de l'application à un gouvernement régulier du suffrage universel tel qu'on l'a établi ; si le pays ne se montre pas propre aux prétendus progrès sociaux dont on a voulu le doter ; si nous devons être ramenés, par la force des choses, à des institutions monarchiques, la présence de Louis-Napoléon au pouvoir, comme Président, ne serait-elle pas une garantie contre les malheurs de nouveaux mouvements révolutionnaires ? La transition, si elle doit jamais s'effectuer, ne pourrait-elle pas être, grâce à lui, plus facile, plus exempte de dangers?

Il est permis, sans doute, d'examiner ce côté de la question, et on peut le faire sans contradiction. Soumis au gouvernement républicain, nous qui n'exploitons pas la République, et pour qui elle n'est pas tout, nous pouvons bien, sans manquer aux devoirs qu'elle nous impose, chercher à prévoir ce qui arriverait dans le cas où elle succomberait devant elle-même.

Revenir à la branche aînée des Bourbons est bien difficile, et l'abîme qui la sépare de la France semble se creuser de plus en plus. Elle ne peut reparaître sans fouler aux pieds ce qui s'est fait depuis soixante ans, et sa présence serait pour tous la condamnation de la Révolution dont les principes et les conséquences semblent à jamais implantés dans le sol. La distance à parcourir pour retourner au faible roseau qui aujourd'hui représente la branche aînée, est peut-être trop grande maintenant pour qu'elle puisse jamais être franchie.

La branche cadette vient d'être renversée, et sa chute a été tellement lourde, qu'il semble peu probable qu'elle puisse s'en relever. Louis-Philippe avait deux grands défauts : pour la révolution, d'être Bourbon; pour les hommes monarchiques, d'être fils de son père, de Philippe-Egalité. Toutefois, l'habileté qu'il avait su déployer depuis le commencement de son règne, et que la malveillance la plus hostile ne saurait lui contester, le bonheur qui, comme un témoignage visible de la protection de la Providence, avait constamment accompagné tous ses actes politiques, la belle famille qui l'entourait, les qualités brillantes et solides de ses fils, semblaient devoir consolider sa race sur le trône de France.

Cependant nous avons vu toute cette puissance s'évanouir ; ce trône, en apparence si solide, a été renversé en un instant, comme par un souffle. Il faut le reconnaître, quelles que soient les causes des événements qui se sont accomplis, Louis-Philippe et les siens n'ont pas su conserver le pouvoir ; ils ont perdu la plus belle partie, et la fortune ne donne pas deux fois une pareille position.

Mais si la France doit revenir à la monarchie héréditaire, où trouver une plus noble, plus nationale tige, pour une quatrième dynastie, que dans la grande et héroïque figure de Napoléon ? Quel plus bel hommage à rendre au principe d'hérédité, qu'appeler au trône de France les héritiers du fondateur de l'Empire, le neveu du grand homme qui a répandu tant de gloire sur la patrie, qui l'a dotée de tant de belles institutions, et qui, frappé par l'adversité, a fini ses jours en exil ! C'est par la nation, c'est par les orages populaires, que trois fois le trône des Bourbons, que sous nos yeux le trône de Louis-Philippe, ont été renversés et emportés dans les flots révolutionnaires. Mais la couronne de Napoléon n'a été brisée que par l'étranger, et la nation n'a été pour rien dans sa chute ! Que dis-je, la chute du trône impérial s'est liée à l'abaissement de la France, et sa restauration semblerait la relever aussi !

Il est évident que ce trône serait plus facile à relever que tout autre, grâce à la magique influence du nom de Napoléon sur les masses populaires, influence qui pousse aujourd'hui irrésistiblement Louis-Napoléon à la présidence, et le pousserait de même à reconstruire le trône impérial, si la force des choses, en démontrant la République impossible, plaçait dans cette reconstruction le salut de la France. Sous ce point de vue, et dans le cas où nous serions destinés à voir s'accomplir de nouveaux bouleversements politiques, le sentiment populaire, qui s'attache par une sorte de culte aux souvenirs et au nom de Napoléon, serait fort salutaire au pays, et pourrait le préserver des dangers que les révolutions entraînent ordinairement après elles. Ne nous plaignons donc pas de ce que ce sentiment peut avoir de fanatique; reconnaissons que son principe est généreux et louable; et, loin de le combattre, cherchons plutôt à y trouver un point d'appui.

Mais les institutions impériales sont-elles à désirer? Il n'est pas possible d'oublier, nous dira-t-on, que si le règne de Napoléon a été glorieux, il a été absolu; et qu'ennemi de la liberté, ce grand homme fit successivement disparaître les conquêtes de la Révolution, pour imposer au pays un odieux despotisme.

Ce n'est pas le lieu de discuter la nature et le mérite des institutions impériales qui, après tout, sont fort indépendantes des souvenirs qu'on invoque, et pourraient être appropriées au temps où nous vivons. Pour ma part, je crois que ces institutions sont mal connues, et que l'opinion factice qui s'est formée à cet égard sous l'influence intéressée des institutions représentatives, amenées en France par la Restauration, pourrait être facilement redressée. L'expérience des tristes résultats qu'ont eus, en définitive, les quinze ans du gouvernement représentatif de la Restauration, et les dix-huit ans du gouvernement de Louis-Philippe, plus réellement représentatif encore, fourniraient de puissants arguments aux défenseurs de la constitution impériale. Sans entrer dans la discussion théorique des formes de gouvernement dont il s'agit et dans la comparaison des institutions impériales, et de celles en apparence plus libérales dues à la Restauration, je me bornerai à faire ressortir un fait qui m'a toujours paru extrêmement frappant, et qui, à mes yeux, répond d'une manière victorieuse à toutes les accusations de tyrannie dirigées contre le gouvernement impérial. Pendant les dix ans qu'a duré l'Empire, pendant les cinq années du Consulat qui l'a préparé, je me souviens que la ville de Lyon (je cite celle-là parce que je l'habitais, et que je parle *de visu*) n'a jamais eu pour garnison militaire que le dépôt du 24e régiment de ligne, c'est-à-dire cent hommes environ au plus! Durant tout ce temps, point de garde nationale, moins de gendarmes qu'à présent, moins de commissaires et d'agents de police, et cependant calme parfait, tranquillité absolue, ordre inaltérable. Si on rapproche de cet état de choses permanent, de ce fait incontestable, et qui se reproduisait sur tous les points du territoire, ce que nous avons vu constamment depuis, sous des gouvernements qui se vantaient de donner plus de liberté que l'Empire, je ne vois pas que l'on en puisse tirer la conséquence que le gouvernement impérial était tyrannique, et il me semble difficile de ne pas regretter un despotisme de cette nature.

L'exécution de la loi de la conscription a souvent, sous l'Empire, donné lieu à de vives plaintes; mais cette loi n'a nullement été changée sous les gouvernements qui ont suivi, et si des guerres sérieuses avaient agité l'Europe, ses effets auraient été les mêmes que pendant le gouvernement impérial.

Le corps législatif était muet! Je ne sais si les débats de nos chambres ne doivent pas nous faire regretter ce mutisme; et quand on voit où nous ont conduits tant de magnifiques discours dont depuis trente-trois ans retentissent nos tribunes.

on est invinciblement entraîné à avoir peu de sympathie pour l'éloquence politique.

La presse était soumise à la censure! Quels que puissent être les abus de la presse, je crois qu'il vaut mieux qu'elle soit libre; mais nous avons vu récemment à quel point nos républicains respectent cette liberté, mère de toutes les autres, disaient-ils; nous les avons vus faire à cet égard ce qui n'avait jamais été fait depuis l'Empire, ni même sous l'Empire.

J'ai entendu des hommes fort libéraux et fort éclairés soutenir que personne mieux que Napoléon n'avait apprécié le degré de liberté nécessaire au caractère français, et que sa constitution impériale, dont l'action avait été neutralisée par l'influence toute-puissante de sa gloire, et absorbée par l'importance et la rapidité des événements, aurait, en fonctionnant, acquis, avec le temps, les développements les plus féconds pour la vraie liberté et pour le bonheur de la France. Je vous avoue que tout ce que je vois depuis quelques années me fait un peu pencher vers cet avis. Je ne m'effraie donc nullement des chances de résurrection de la constitution impériale.

Mais nous n'en sommes pas là, et je me borne à conclure que, dans toutes les hypothèses, les hommes sages, loin de se montrer hostiles au mouvement populaire qui porte Louis-Napoléon à la présidence, doivent le seconder, s'y associer et faire tous leurs efforts pour que le nom de Louis-Napoléon sorte à une grande majorité de l'urne électorale

Agréez, Monsieur le rédacteur, etc.

Lettre portant copie de la précédente, adressée au prince Louis-Napoléon, *le* 23 *novembre* 1848.

Prince,

Je prends la liberté de vous transmettre copie d'une lettre que je viens d'adresser au rédacteur en chef du journal *l'Assemblée nationale*. Je ne suppose pas que ma lettre soit insérée en entier dans ce journal, et j'ignore même si le rédacteur croira devoir en publier quelques parties, ou s'il jugera à propos de développer quelques-unes des idées qui y sont émises. Quoi qu'il en soit, je pense qu'il n'est pas inutile que vous connaissiez cette lettre, et que peut-être y trouverez-vous quelque satisfaction dans la lutte grave que vous avez à soutenir, quelques nouveaux arguments pour une cause qui est sans doute la vôtre, mais qui, à mes yeux, est aujourd'hui tout à fait nationale.

Agréez, etc.

LETTRE ADRESSÉE
AU JOURNAL *L'ASSEMBLÉE NATIONALE*
SUR M. DE LAMARTINE.

Lyon, le 22 Décembre 1848.

MONSIEUR LE RÉDACTEUR,

J'ai déjà pris la liberté de vous adresser, il y a quelque temps, une assez longue lettre sur la question de la présidence, que vous ne paraissiez pas alors envisager au même point de vue que moi. Vous vous êtes bientôt rangé à l'opinion qui depuis s'est si énergiquement manifestée comme l'expression du vœu national, et vous avez pu reconnaître que mes appréciations sur l'état des esprits en province et sur l'entraînement magique qui emportait irrésistiblement les masses vers le nom de Napoléon, ne manquaient pas d'exactitude. Permettez-moi de venir encore aujourd'hui vous faire part de mes impressions sur une question soulevée dans quelques-uns de vos derniers numéros.

Vous avez mis en avant le nom de M. de Lamartine pour la vice-présidence, et vous avez assez vivement appuyé le choix qui pourrait être fait de cet ex-membre du gouvernement provisoire, soit par le Président, soit par l'Assemblée nationale. Ce n'est, je vous l'avoue, qu'avec le plus grand étonnement que j'ai pu vous voir désigner un pareil nom pour les hautes fonctions de vice-président, et j'ai peine à comprendre que vous en ayez eu la pensée. Cette désignation est, ce me semble, en opposition formelle avec les principes qui ont constamment dirigé votre rédaction, et qui ont donné à votre journal une si haute et si légitime influence. Croyez-moi, le sentiment de surprise et de répulsion dont je n'ai pu me défendre, est partagé par la presque totalité de vos abonnés et de vos lecteurs.

M. de Lamartine porté à la vice-présidence par l'opinion dont vous êtes l'organe! Y avez-vous bien songé? Avez-vous donc oublié que M. de Lamartine est l'un des principaux artisans de cette fatale Révolution de Février, source de tant de maux, et sous laquelle la France se débat depuis dix mois, dans une agonie qui n'a encore pour limite que l'avenir le plus incertain? Avez-vous oublié M. de Lamartine à la chambre des députés le 24 février? Ne le voyez-vous plus, reniant ses doctrines passées, fermant son cœur aux sentiments élevés que devait inspirer à l'âme la plus vulgaire l'aspect d'une noble femme venant présenter son fils pour roi à la nation? Ne l'entendez-vous plus, obéissant à l'orgueil qui déjà n'avait fait de lui qu'un lâche conspirateur, s'efforcer, par un discours froidement astucieux, de comprimer l'enthousiasme qui va entraîner l'assemblée, et n'ayant d'autre but, en allongeant ses phrases, que de donner à ses affidés du dehors le temps de venir imposer, par la violence, à la Chambre, à la France, leur volonté de carrefour? Avez-vous oublié que de tous les auteurs de cette effroyable catastrophe de Février, M. de

Lamartine est peut-être le plus coupable, le moins excusable? Lui seul, par son passé, par son talent, a jeté quelque éclat sur cet odieux gouvernement provisoire qui s'est signalé par tant de méfaits. Lui seul, par la magie de sa parole, a coloré d'un faux vernis de grandeur les saturnales de cette période à jamais honteuse, ouverte par la révolte la plus indigne, marquée par les abus les plus scandaleux, les folies les plus excentriques, les incapacités les plus radicales, et fermée par la chute lourde et sanglante d'un pouvoir éphémère succombant, au bout de quelques mois, devant sa propre impuissance, pour se substituer le régime brutal du sabre et du canon. Faut-il donc savoir quelque gré à M. de Lamartine de son concours à tant d'infamies? Sans lui, sans l'appui du talent que la nature lui a si fatalement départi, tous ses misérables complices seraient peut-être tombés sous le ridicule et sous le mépris. Peut-être le prestige de sa coopération les a seul mis à l'abri d'une réprobation générale qui aurait été le salut du pays! M. de Lamartine, dites-vous, nous a préservés du drapeau rouge! Qu'est-ce à dire? Est-il bien certain que la victoire remportée par les *repus* de la Révolution de Février sur ceux qui voulaient les dépasser ait été un bien? N'a-t-elle pas eu surtout pour effet de prolonger l'existence d'un pouvoir honteux et fatal, dont le renversement, de quelque manière qu'il s'accomplît, aurait peut-être ramené l'ordre? Mais si vous attribuez la victoire sur le drapeau rouge à quelques harangues sonores de Lamartine, empreintes, comme toutes celles sorties de sa bouche et malgré leur éclat poétique, des plus choquantes contradictions, que direz-vous donc de la victoire réelle remportée en juin, au prix de tant de sang, par Cavaignac, que vous repoussez comme moi? Si vous êtes rémunérateur envers Lamartine, vous êtes ingrat envers Cavaignac qui, du moins, servait la République sans l'avoir faite?

Non, monsieur le rédacteur, vous n'y avez pas songé, ou plutôt votre admiration littéraire a faussé votre jugement politique. Ce n'est pas une récompense que les âmes élevées, que les hommes de cœur appellent sur M. de Lamartine. Une récompense! pour avoir, par orgueil et par ambition, accumulé sur sa patrie tous les maux imaginables. Une récompense! pour s'être allié à tout ce que la France recélait d'impur. Une récompense! quand, après avoir déchaîné les passions populaires les plus basses, on n'a su leur opposer que la plus complète impuissance! Non, non, ne faisons pas cet outrage aux éternels principes de la morale. La récompense du mal, l'élévation du crime, c'est ce qu'il y a de plus fatal sur la terre, c'est le plus grand malheur que Dieu puisse infliger aux hommes. M. de Lamartine ne doit rien attendre de nous. La nation, par son solennel vote du 10 décembre, en le mettant, malgré l'humble et maladroite supplique par laquelle ce tribun déchu ne craignait pas de solliciter des voix pour la présidence, en le mettant, dis-je, au-dessous même de Raspail, lui a rendu la justice à laquelle il avait droit de sa part.

Qu'il se fasse oublier à l'avenir, s'il est possible! Qu'il ensevelisse dans l'obscurité une vie désormais irréparable; qu'il ne nous réduise pas, en reparaissant sur la scène politique, à demander à la Providence de lui appliquer le châtiment que dans sa sagesse éternelle elle réserve à tous ceux qui ont fait le malheur de leur pays!

Recevez, monsieur le rédacteur, etc.

DU SUFFRAGE UNIVERSEL.

(**Janvier 1849.**)

Le suffrage universel est, dit-on, la grande conquête de la Révolution de Février, et, s'il faut en croire la plupart des républicains et même quelques bons esprits, cette large concession faite aux exigences démocratiques, serait irrévocable et devrait à jamais servir de base aux institutions politiques de la France. Aussi, n'est-il pas permis d'attaquer ce prétendu *palladium* de nos libertés, et la loi de la presse, par une disposition pénale adoptée sur la proposition du trop célèbre Lagrange, a défendu de mal parler du suffrage universel, de sorte qu'il y a peut-être délit à critiquer, voire même le mode étrange par lequel ce principe a été mis en pratique.

Toutefois, la loi, dans sa prohibition, n'a pu vouloir empêcher qu'on étudiât les effets de cette conquête, puisque conquête il y a. Cherchons donc à l'apprécier ; voyons si elle était réellement un besoin pour la nation, si elle était dans ses mœurs. Examinons si le suffrage universel peut être sérieusement exercé, si la forme qu'on lui a imposée est de nature à donner sa véritable expression. Poussons plus loin nos investigations : où le suffrage universel peut-il nous conduire? où nous conduira-t-il, s'il doit à toujours régir nos destinées futures?

I.

Le suffrage électoral, tel que l'avait établi la Charte de 1830, avait-il besoin d'être étendu? Il pouvait l'être, sans doute, graduellement; mais il est difficile de ne pas reconnaître que cette extension ne présentait aucune urgence, et que rien ne révélait, à cet égard, une nécessité absolue, et à laquelle il fût pressant de satisfaire. En effet, la masse des électeurs appelés à donner leurs suffrages dans les élections politiques, quelque limitée qu'elle fût, possédait-elle les lumières nécessaires pour bien exercer ce noble droit? Il n'est, je crois, pas un homme éclairé, ayant pratiqué les élections, qui ne soit forcé de convenir qu'il en était tout autrement; une notable portion des électeurs, même dans les villes, était évidemment au-dessous de son mandat; à chaque épreuve électorale, il était triste de se convaincre que, parmi les votants, beaucoup ne savaient ni ce qu'ils allaient faire avant de déposer leur bulletin, ni même ce qu'ils avaient fait après l'avoir introduit dans l'urne. Cependant le choix à faire était limité; il s'agissait, pour les nominations de députés, d'un seul nom à inscrire sur le bulletin; le cercle à parcourir pour accomplir l'élection était restreint à l'arrondissement électoral; il semblait donc bien facile de pouvoir voter sciemment; les connaissances, les idées nécessaires à l'émission intelligente du vote n'avaient rien de complexe, rien d'abstrait, rien qui ne fût à la portée de l'esprit le plus vulgaire et le plus simple. Eh bien, je le demande avec confiance au démocrate le plus endurci, est-il une seule élection où les candidats de bonne foi n'aient eu, au fond d'eux-mêmes, à gémir sur l'ignorance de la plupart des électeurs dont ils parvenaient à maîtriser les suffrages? n'aient en quelque sorte rougi des moyens par lesquels ils les influençaient, des motifs absurdes et ridicules qui guidaient si souvent les votes? Toutefois, le nombre des électeurs était extrêmement limité, et la condition du cens, imposée à la capacité électorale, semblait donner quelques garanties. Cette condition de cens pouvait être considérée comme une mesure de lumières et de jugement qui, en moyenne, devait être assez juste; c'était peut-être une manière probablement aussi exacte que toute autre de trouver les électeurs les plus capables, et, du moins, ce mode ne pouvait rien avoir d'arbitraire; la règle était pour tous, la limite était connue de tous, chacun pouvait faire ses efforts pour y atteindre. Il y avait d'ailleurs dans la position même des électeurs qui, propriétaires ou industriels, étaient nécessairement intéressés, d'une manière directe, au maintien de l'ordre et à la conservation des principes protecteurs de la société; il y avait là une grande chance de trouver en eux du bon sens et des idées de stabilité; il y avait là une puissante garantie. Peut-être aurait-il été nécessaire de demander aux électeurs, outre la condition de cens, celle de quelque instruction; peut-être aurait-il fallu que la loi exigeât impérieusement de chaque votant qu'il sût au moins lire et écrire! On sait, en effet, combien d'inconvénients et d'abus entraînaient les votes de ceux des électeurs qui étaient obligés, pour faire écrire leur bulletin, de recourir à des mains étrangères; évidemment, parmi ceux-là se trouvaient les plus faciles à tromper, les plus incapables de faire avec quelque discernement les choix que leur demandait la loi; c'était sur ceux-là, principalement dans les campagnes, que s'exerçaient, avec le plus de facilité, les influences dangereuses et les pressions de l'esprit de parti. En ajoutant à la condition du cens celle de savoir lire et écrire, la loi aurait remédié au plus choquant des vices reproché au système électoral, et elle aurait corrigé ce qu'avait peut-être de trop purement matériel le privilége de voter, exclusivement attribué à celui qui possédait. Ainsi, si quelque besoin de modifications à notre loi électorale se faisait sentir, c'était sous ce point de vue, et il semblait nécessaire, avant d'abaisser le chiffre du cens, d'établir une nouvelle condition restrictive sous le rapport intellectuel. Si une condition donnant le gage de quelques lumières n'était pas avant tout imposée, il devenait évident que plus on abaisserait le cens, plus le nombre des électeurs illettrés augmenterait progressivement, et plus s'aggraverait le vice incontestable du système en vigueur. Car, il est facile de le reconnaître, l'instruction élémentaire est loin d'être répandue généralement parmi nos paysans et parmi nos classes ouvrières, et, sous ce rapport, la nation française est bien au-dessous de quelques autres; la moyenne de l'instruction, si on peut s'exprimer ainsi, est plus abaissée en France que dans beaucoup d'autres contrées. Nous ne manquons pas chez nous d'intelligences élevées, d'hommes qui, soit dans la littérature, soit dans les sciences, ont acquis une haute et incontestable supériorité; mais la masse des lumières y est plus inégalement répartie qu'ailleurs; en Suisse, aux Etats-Unis, en Allemagne, moins d'hommes peut-être sortent de ligne par leurs facultés intellectuelles, mais le grand nombre est plus généralement doué d'une dose d'instruction qui manque à une grande partie de nos classes inférieures, surtout dans quelques portions du territoire, où la population croupit dans la plus sauvage ignorance. Sous ce point de vue, nous étions moins propres que d'autres nations à l'extension du suffrage politique; il était donc surtout urgent de chercher à répandre l'instruction partout, d'amener les intelligences à un niveau plus élevé et plus régulier: il fallait, avant d'étendre à un plus grand nombre la faculté électorale, préparer les classes populaires à pouvoir user utilement, pour elles comme pour l'intérêt général, du droit de participer par l'élection à la gestion des affaires de l'Etat. Le pays était assez largement entré dans cette voie; de grands efforts avaient été tentés pour faire pénétrer partout le bienfait de l'éducation primaire; une vive impulsion était donnée à cet égard, et on pouvait raisonnablement espérer que les jeunes générations qui nous pressent journellement arriveraient bientôt à une instruction beaucoup plus générale, beaucoup plus pratique que celle dont sont maintenant douées nos masses populaires. Mais en attendant que l'instruction graduellement étendue appelât aussi l'extension graduelle du droit électoral, ce qui était incontestable, dans l'état des choses, c'est que, sur les électeurs privilégiés appelés par nos lois à voter, un grand nombre étaient hors d'état de le faire sciemment. Il résultait de là, qu'en abaissant de suite, sans correctif, sans contre-poids, le chiffre du cens électoral, on augmenterait beaucoup la proportion du nombre des électeurs incapables, et que, par conséquent, loin d'améliorer notre système électoral, on ne ferait que rendre plus saillants et plus dangereux les vices qui l'infectaient. Que faut-il donc penser, dans de pareilles circonstances, de l'établissement du suffrage universel, de l'extension à tous, sans exception, sans condition, du droit de voter dans les élections politiques? Certainement la nation était loin d'être prête pour une innovation aussi capitale, et par conséquent cette innovation n'était nullement un besoin pour elle.

II.

Mais le système électif était-il, par sa nature, dignement apprécié en France? S'était-il implanté dans les habitudes, dans les mœurs?

Hélas! non, et, sous ce rapport encore, l'éducation politique était toute à faire. On a souvent remarqué combien, en général, les électeurs qui prenaient part aux opérations électorales étaient relativement peu nombreux; il s'agissait cependant alors d'exploiter un privilége, et les priviléges flattent ordinairement ceux appelés à en jouir. Si dans quelques circonstances, pour les élections de députés, le nombre des votants était assez considérable, cela tenait non pas à l'intérêt électoral en lui-même, mais aux manœuvres de toute nature pratiquées par les candidats et leurs amis auprès des électeurs, afin de les engager à apporter leur vote dans l'urne, qui recélait trop souvent la fortune future des élus. Dans beaucoup de cas, et malgré ces manœuvres, le nombre des votants était encore proportionnellement fort restreint. Mais, pour toutes les autres élections, celles qui ne réveillaient pas chez les candidats des idées immédiates d'intérêt, le symptôme d'indifférence que je signale était frappant. Pour les élections de juges aux tribunaux de commerce, pour les élections de prud'hommes, on ne voyait souvent paraître qu'un nombre dérisoire de votants; il s'agissait cependant d'emplois dont l'utilité pratique était évidente et appréciable pour tout le monde; il n'y avait pas un électeur qui n'eût un intérêt incontestable à ce que les nominations fussent sages et faites avec discernement; il n'y en avait pas un qui ne pût apprécier les candidats pris parmi ses pairs, et qui ne fût ainsi en position de bien choisir. Eh bien! au jour de l'élection, personne ne paraissait, et plus d'une fois il est arrivé que des élections ont été accomplies par un nombre d'électeurs moindre que celui des nominations à faire! Il en était à peu près de même pour les conseils municipaux, pour les conseils généraux, pour les conseils d'arrondissements, sauf dans quelques cas exceptionnels où de petites passions locales surgissaient et venaient imprimer un peu d'agitation au mouvement électoral. Ici cependant encore, il s'agissait de fonctions dont chacun pouvait comprendre l'importance pour ses propres intérêts; il s'agissait de choix à faire parmi des gens qu'on connaissait ou qu'on pouvait facilement connaître; il s'agissait, en votant, d'exercer un privilége! On y mettait cependant presque toujours de la négligence; on se montrait presque partout indifférent à l'exercice du droit que conférait la loi! Ne peut-on pas en conclure que le système électoral n'était pas encore bien entré dans nos mœurs?

Mais si les droits électoraux, quelque restreints qu'ils fussent, n'étaient pas appréciés, si les habitudes et les mœurs ne s'en étaient pas emparées comme d'un besoin, leur extension, qu'on pouvait désirer en théorie et entrevoir progressive dans un avenir plus ou moins rapproché, n'était ni nécessaire ni urgente. Il était permis de douter qu'il y eût quelque utilité à étendre des droits politiques que les citoyens ne savaient ou ne voulaient pas exercer, et on pouvait ainsi considérer la réforme électorale comme un de ces thêmes d'opposition qui n'ont rien de sérieux, et dont la presse s'empare pour occuper les oisifs et agiter les passions.

Ceux qui demandaient une réforme électorale étaient en effet loin de s'accorder entre eux; les uns se contentaient de l'adjonction de ce qu'on était convenu d'appeler les *capacités ;* les autres voulaient un abaissement de cens, mais le chiffre de cet abaissement était très diversement apprécié. On répondait à tous, que la diversité même de leurs vœux, le vague de leurs demandes, était la meilleure preuve qu'il n'y avait pas au fond un besoin réel. On disait que, quelle que fût la limite établie pour l'abaissement du cens et pour l'extension du droit électoral, cette limite laisserait à ceux qui ne l'atteindraient pas les mêmes motifs de plaintes et rendrait même leur incapacité électorale bien plus choquante et plus injuste que précédemment. On disait qu'à moins de descendre au suffrage universel, il n'y avait pas moyen de se mettre à l'abri de réclamations aussi fondées que toutes celles qui étaient formulées, et par cet argument on croyait répondre de la manière la plus péremptoire à toutes les demandes de modifications de la loi électorale, parce que, en vérité, il n'entrait alors dans la pensée de personne, à l'exception peut-être de quelques cerveaux creux, de nous doter du suffrage universel. Et comment aurait-on pu y songer, d'après la démonstration journalière et incontestable que donnait la pratique électorale, et qui prouvait aux esprits les plus portés aux institutions populaires, que les citoyens privilégiés et peu nombreux appelés aux fonctions électorales étaient encore, malgré toutes les restrictions de la loi, en grande partie hors d'état d'exercer sciemment et utilement le droit qu'elle leur conférait, et attachaient d'ailleurs peu de prix à jouir de ce beau droit?

III.

Le suffrage universel peut-il être sérieusement exercé en France, dans l'état arriéré où y sont encore l'instruction populaire et l'éducation politique?

On comprend que cela soit possible, à la rigueur, pour une question simple qui s'adresse à toutes les intelligences, et dont tous peuvent saisir la portée. Quand, par exemple, Napoléon soumit au peuple la question de savoir s'il serait consul à vie, s'il serait empereur héréditaire, les esprits les moins éclairés, les hommes les plus grossiers pouvaient savoir d'une manière quelconque de quoi il s'agissait, et par conséquent répondre à la demande qui leur était faite. Quand, dans ces derniers temps, on a soumis au suffrage universel la nomination du Président de la République, le peuple, jusque dans ses plus basses ramifications, a pu comprendre qu'il fallait choisir un chef pour la nation; cette idée qui n'avait rien de complexe, il a pu la saisir; cette question simple, il a pu la résoudre par lui-même, et nous avons vu qu'il a répondu en obéissant à un sentiment populaire, à une sorte d'instinct qui l'entraînait irrésistiblement vers le grand nom de Napoléon, personnifiant aux yeux de tous les pensées de nationalité, de puissance et de grandeur. Toutefois, comment aurait été fait le choix du Président, si ce culte des souvenirs de Napoléon n'avait pas, par une faveur spéciale de la Providence, maîtrisé les masses populaires? A quel résultat n'aurait pas pu nous conduire l'exercice du suffrage universel, même réduit à la mission si simple de choisir un chef suprême pour le pays?

Mais quand on soumet au suffrage universel des questions complexes, quand on l'appelle à désigner les hommes les plus aptes à établir une constitution, les hommes destinés à faire fonctionner cette machine gouvernementale si compliquée, quand on le convie à faire directement de nombreux choix nominatifs, quand ces choix ne sont pas resserrés dans un cercle étroit, peut-il répondre sciemment? Peut-il bien comprendre d'abord ce qu'ont à faire ceux qu'il est appelé à désigner? Peut-il savoir si ceux qu'il nommera sont propres à la mission qu'il aura à leur donner? Peut-il seulement les connaître? Si on veut absolument, en entrant dans la pratique d'une théorie qui a certainement quelque chose de spécieux, faire concourir l'universalité des citoyens à la gestion des intérêts de tous, on ne le peut raisonnablement qu'en faisant désigner par les rangs infimes de la société des délégués appelés à faire eux-mêmes des choix définitifs. Par là on arrive à un système rationnel possible, c'est l'élection à deux degrés. On demande aux habitants réunis d'une circonscription de territoire resserrée, d'une commune, par exemple, de choisir ceux d'entre eux qui leur paraissent les plus propres à les représenter, ceux qu'ils croient en état de nommer eux-mêmes les hommes qui seront appelés à concourir, dans l'intérêt de tous et dans la mesure établie par la loi, au gouvernement du pays. Tous les habitants, sans exception, peuvent très-bien faire ces choix; ils peuvent savoir si ceux qu'ils investiront de leur confiance en seront dignes; ils les connaissent de quelque manière, il leur est dans tous les cas facile d'apprendre à les connaître; ils donneront donc sciemment un mandat à des hommes qui sauront aussi à leur tour en user et pourront le faire utilement. Par ce moyen il est possible de résoudre d'une manière à peu près satisfaisante le problème du suffrage universel, de réaliser jusqu'à un certain point la fiction d'un pouvoir fondé sur la volonté de tous. Mais si les choix définitifs doivent être directs, si vous imposez aux citoyens la nécessité, pour faire les nominations que vous leur demandez, de sortir du cercle de ce qu'ils savent, de ce qu'ils connaissent, comment pourront-ils voter réellement? Comment l'expression de leur vote saurait-elle être vraie et sérieuse?

IV.

Les inconvénients et les dangers du vote direct ne deviennent-ils pas tout autres encore avec le système au moyen duquel il a été mis en pratique par les républicains de Février d'abord, et ensuite par la Constitution émanée de l'Assemblée nationale?

C'est par département qu'on vote. Chaque électeur doit porter sur son bulletin autant de noms que le département a de représentants à nommer. Sans parler de ce que ce mode, dans son application, a de choquant contre le principe de l'égalité, qui est, dit-on, une des bases de la République; sans faire ressortir combien il est inique de donner à un habitant de Paris, par exemple, le privilége de nommer *trente-quatre* députés, tandis qu'un habitant de la Lozère n'en a que *quatre* à désigner; est-il raisonnablement possible que ce système électif conduise à un résultat sérieux, qu'il donne l'expression réelle des choix de la majorité? Comment! il a fallu dans le département du Rhône que chaque électeur désignât quatorze noms; il a fallu que chaque paysan nommât quatorze représentants pris dans toute l'étendue du département! Quels moyens avait-il de les connaître, lui qui dans son village pourrait à grand'peine faire un pareil choix? Avec une semblable condition, les électeurs les plus éclairés, les hommes les plus propres aux affaires publiques, doivent nécessairement être fort embarrassés pour choisir, et ne peuvent arriver à composer leur liste qu'avec la plus grande difficulté et presque au hasard. Comment fera donc la masse des votants? Il m'est permis peut-être de me citer pour exemple. Depuis 1830, pendant dix-huit années, je me suis constamment et presque exclusivement occupé des affaires publiques. Les intérêts municipaux, les intérêts départementaux m'étaient familiers, peu de gens s'étaient trouvés aussi bien placés que je l'avais été par mes fonctions, pour connaître les hommes et les choses dans le département du Rhône. Eh bien, lors des élections d'avril 1848, lorsqu'il a été question de nommer les représentants chargés d'aller élaborer la Constitution, sur la liste des quatorze candidats qu'il a fallu porter, pour marcher d'accord avec la majorité et avec la majorité prétendue conservatrice, je n'en connaissais que *trois*. On se souvient aussi des résultats burlesques qui sont sortis alors de l'urne électorale, on sait quels déplorables, quels ridicules représentants l'application du suffrage universel a donnés au département du Rhône comme à tant d'autres !

Puisque ce suffrage ne peut s'exercer que d'une manière tout-à-fait aveugle, puisqu'il est absolument impossible que la très-grande masse des électeurs connaisse le moins du monde la plupart de ceux qu'elle a à nommer et ait aucun moyen d'apprendre à les connaître, les décisions du scrutin, dans le système qui nous régit, ne doivent-elles pas être inévitablement le fruit des plus bizarres intrigues, des motifs les plus puérils ? N'appartiendront-elles pas exclusivement à l'esprit de parti dans toute sa violence, aux influences les plus basses, les moins avouables, les plus dangereuses ? N'est-il pas évident que ce prétendu suffrage direct est au contraire aussi indirect qu'il soit possible de l'imaginer ? N'est-il pas à redouter que l'expression vraie de l'opinion des votants soit précisément ce qu'on puisse le moins trouver dans les décisions de l'urne universelle ? Plus la liste à établir sera longue, plus il y aura de choix à faire, et plus il y aura de chances de tomber dans le faux, dans l'absurde, dans le ridicule. On sait, en effet, avec quelle imprudence, quel laisser-aller, se compose une liste, combien il est aisé d'y glisser un nom, combien, en pareil cas, les concessions réciproques sont faciles et dangereuses, et quels bizarres résultats elles peuvent produire. On se rappelle que certaines élections ont présenté dans leurs listes les rapprochements les plus hétérogènes, les noms les plus opposés et les plus antipathiques. Rien en ce genre ne saurait étonner, et, sans doute, si quelques meneurs, dans certains départements ayant un grand nombre de représentants à nommer, s'étaient mis dans la tête d'introduire sur la liste un caniche, ils l'auraient fait passer, et peut-être encore ce choix n'aurait-il pas été le plus mauvais !

Il faut remarquer, en effet, que ce sont en général les départements ayant le plus de représentants à nommer qui ont offert les choix les plus déplorables, et que les petits départements ont été, s'il est permis de s'exprimer ainsi, moins mal représentés, par la raison toute simple que ceux-ci avaient moins de nominations à faire, et que pour eux le cercle électoral à parcourir était plus restreint. C'est par la même raison que les remplacements ont été en général moins mauvais que les choix primitifs. Quand il n'y a eu qu'un nom à mettre sur le bulletin, il y a eu moins de prise pour l'intrigue, moins de chances pour l'erreur, plus de facilité à exprimer nettement une opinion quelconque.

Et même dans ce cas, même lorsque le petit nombre de nominations à faire, laisse moins de champ au hasard, un autre danger non moins frappant ressort de l'étrange système électoral qui nous a été imposé. Il y aura toujours incertitude sur le nombre des électeurs venant prendre part à l'élection ; ce nombre relatif pourra varier à l'infini et sans qu'il soit possible de le déterminer à l'avance, même approximativement ; il pourra, contre toute prévision, être singulièrement modifié, soit par l'indifférence des votants, soit par tout autre motif, et la combinaison imprévue des éléments qui concourront seuls aux choix à faire, pourra amener souvent les nominations les plus bizarres et les plus fâcheuses. L'élection dépendra de l'état de l'atmosphère : par un temps de pluie, les électeurs pour la plus grande partie resteront chez eux ; mais ceux qui seront mus par quelques mauvaises passions se déplaceront malgré tous les obstacles, et ne se laisseront pas retenir par les petites difficultés qui arrêteront les gens de bien, poussés seulement par la pensée de remplir un devoir auquel ils pourront attacher plus ou moins d'importance. Cela prouve, dira-t-on, que tous les électeurs doivent scrupuleusement aller voter, et que, pour tous les citoyens, le plus impérieux des devoirs est de venir déposer leur bulletin lorsque s'ouvre l'urne électorale? C'est fort bien, mais il faut prendre les choses telles qu'elles sont; il ne s'agit pas de savoir si, en droit, tout le monde doit venir voter, mais si, en fait, tous déposeront leur suffrage et combien négligeront de le faire.

Or, plus les institutions acquerront de durée, plus l'indifférence s'étendra parmi les électeurs. Dans les premiers temps, lorsqu'il a été question de nommer une assemblée constituante, lorsque tout le monde était sous le coup des fatales conséquences de la Révolution de Février, lorsque chacun voyait son propre sort plus ou moins engagé dans les questions politiques et sociales qui s'agitaient si violemment, et compromettaient de toutes parts les intérêts particuliers comme les intérêts publics, on comprend que chacun ait pu se croire obligé de se mêler aux questions électorales, ou du moins de porter son vote dans l'urne. Mais lorsque ce grand mobile de l'intérêt particulier immédiat ne poussera plus les individus, lorsque la lassitude des discussions politiques et le dégoût de leurs vains résultats, auront fait croire à chacun, à tort ou à raison, que ce n'est pas par les élections que peuvent se résoudre les questions de politique pratique; lorsque se sera éteinte la foi dans l'efficacité des opérations électorales pour remédier aux maux de la société; à quel nombre dérisoire ne pourront pas se trouver réduits les citoyens qui viendront encore prendre part au scrutin? L'indifférence deviendra d'autant plus naturelle que le droit électoral est plus disséminé, et a par conséquent moins de valeur intrinsèque et individuelle. Chacun peut se dire : *Qu'est ma voix dans la masse générale des suffrages de tous? Quelle influence peut-elle avoir? Pourquoi me déplacer? Pourquoi me prononcer?* Ce qu'il y a de triste, c'est que ce seront précisément les suffrages les plus éclairés qui pourront surtout être disposés à s'abstenir. Les hommes, en bien petit nombre, qui, par leurs lumières et leurs habitudes des affaires, seraient en état de faire des choix consciencieux et utiles, seront découragés par la pensée que leur suffrage a à peine autant de poids que celui du plus ignorant, du plus abruti de leurs voisins, d'un de ces hommes comme on en trouve tant, surtout dans quelques-unes de nos provinces, qui n'ont aucune idée de civilisation et de morale, et qui, dans leur abaissement, semblent placés par la nature comme un chaînon intermédiaire entre la plus belle création de Dieu et les autres êtres vivants. Combien d'hommes que leurs antécédents, leur instruction, leur caractère élevé rendraient propres aux affaires publiques, croiront faire assez, en envoyant leurs domestiques voter, tout en s'abstenant d'y aller eux-mêmes!

Tous ces vices du système qui forme la base de nos institutions politiques actuelles, ne se sont déjà que trop révélés, quoique nous soyons encore bien près de l'époque qui nous a gratifiés de la conquête du suffrage universel, quoique ce droit ait encore toute la séduction de la nouveauté, quoique jusqu'à présent la pression immédiate qu'exercent sur les intérêts les questions politiques ait forcé, pour ainsi dire, chacun de s'occuper plus ou moins d'affaires publiques. Les élections partielles qui ont eu lieu depuis la première élection générale, ne se sont presque partout accomplies qu'avec un nombre proportionnellement fort restreint d'électeurs, et leur résultat a constamment tenu au hasard et à de très faibles majorités. Un exemple frappant de tous les vices qu'offre la loi qui nous régit vient de se révéler à Strasbourg, pour l'élection qui y a récemment eu lieu en remplacement d'un représentant démissionnaire. *Cent trente mille* électeurs sont inscrits dans ce département, *vingt-cinq mille* seulement ont pris part au scrutin; sur ce nombre, *six mille* se sont portés sur un nommé *Fawetier* qui venait d'être destitué des fonctions de préfet dans le département. Il y avait été envoyé sous l'empire des circulaires Ledru-Rollin, dans le bon temps de ces commissaires dont les excentricités et les infamie sont devenues proverbiales, et, de même que la plupart de ces préfets de contrebande, il avait marqué son administration éphémère par les actes les plus fâcheux, par les preuves multipliées de la plus complète incapacité mise au service des plus mauvaises intentions. Ces *six mille* votants ont suffi pour nommer le citoyen *Fawetier* représentant, parce que les autres voix, toutes exprimées par des hommes modérés et opposés à ceux qui portaient ce dernier, se sont divisées entre plusieurs candidats, dont aucun n'a obtenu autant de suffrages que le préfet destitué. Ainsi, voilà *six mille* électeurs, formant à peine le *vingtième* de ceux appelés à déposer leurs votes, représentant à peine le *quart* de ceux ayant réellement voté, qui suffisent pour déterminer un choix complètement opposé à la grande majorité! Quand un système électoral conduit à de pareils résultats, il est jugé. Comme la nomination produite par de telles circonstances est bien l'image de la majorité! Combien celui qui siége ainsi parmi les élus de la nation y représente fidèlement le département au nom duquel il figure dans l'Assemblée qui doit être l'expression de l'opinion du pays! Combien, dans ce cas, le titre de délégué du suffrage universel est dérisoire et menteur!

V.

Mais si le système électoral qui nous régit présente des vices si dangereux, où ne peut-il pas nous conduire? Combien il sera facile à l'intrigue et aux passions les plus basses de s'emparer de ce terrible moyen de puissance, et d'imposer au pays la plus fausse des représentations, d'autant plus redoutable que, par une amère dérision, elle pourra se dire l'expression du suffrage universel! Cette déplorable issue n'est pas seulement un danger, elle est presque inévitable, et si le régime électoral qui nous a été imposé par la constitution républicaine devait avoir une longue durée, si la Providence dans sa sollicitude ne nous réservait pas quelque grande modification politique, on ne pourrait prévoir qu'avec trop de certitude l'époque fatale où les idées socialistes, qui sont aujourd'hui le véritable danger de la société, seraient représentées en majorité dans l'Assemblée nationale armée du pouvoir irrésistible de tout bouleverser. Ce jour-là aucune digue ne serait assez puissante pour contenir les flots débordés de l'anarchie, et l'état social s'écroulerait bientôt pour faire place à la plus effroyable désorganisation.

Toutefois, quelques esprits bien faits ne s'effraient pas de ce danger; ils se rassurent en comptant sur le bon sens des masses populaires, et principalement sur les habitants de nos campagnes, qui, il faut en convenir, dans la terrible épreuve que nous avons eu à traverser depuis Février, ont peut-être sauvé le pays. C'est en effet de ce côté-là que doivent se porter nos espérances, parce que les principes anarchiques qui ont fait tant de ravages dans nos cités, n'ont pas pénétré bien avant encore dans les portions rurales du territoire. Par un rapprochement statistique, sur lequel on n'a peut-être pas assez insisté, on reconnaît que la population agglomérée de toutes nos villes, en y comprenant même celles qui ont seulement *trois mille âmes* de population, ne s'élève pas en tout au *sixième* de la population totale de la France, et que, par conséquent, dans les campagnes sont les *cinq sixièmes* de la nation. Ainsi, hors des villes est le grand nombre, l'immense majorité. C'est aussi hors des villes, quoi qu'on en dise, que résident surtout les vrais intérêts du travail, dont nos soi-disant réformateurs se sont présentés comme les champions. Les paysans, en effet, par les labeurs continuels de l'agriculture, par les fatigues qui en sont inséparables, ont bien d'autres droits au titre de *travailleurs* que les tisseurs, les ouvriers des villes, les agents de l'industrie, auxquels seuls cependant, par la plus étrange aberration, nos agitateurs ont toujours semblé vouloir appliquer exclusivement cette qualification. Puisque c'est dans les parties rurales de la population qu'il faut voir et la grande majorité du pays et les véritables intérêts au nom desquels on a voulu agiter la société, et que, d'un autre côté, jusqu'à présent les prédications subversives de l'ordre social ont rencontré là peu d'écho, il est permis sans doute de puiser dans cet état de choses quelques motifs de sécurité quelques gages d'espoir pour l'avenir.

Mais il ne faut pas trop s'y abandonner, et si les institutions qui nous régissent doivent longtemps encore peser sur nous, ne nous le dissimulons pas, leur action délétère s'étendra bientôt sur nos campagnes, et les principes destructeurs, les folies prétendues sociales, qui ont fait tant de ravages parmi les populations de nos villes, se propageront rapidement chez les paysans. Dans les villes, l'influence des réunions politiques et des clubs, les excitations de la presse surtout, ont plus promptement réalisé la corruption des classes inférieures. Les campagnes ont été moins exposées à l'effet de ces moyens révolutionnaires, mais elles n'en sont nullement affranchies ; leur action y est plus lente, voilà tout, et on se tromperait étrangement si on croyait que les populations rurales pourront y résister longtemps. Il est si facile de parler aux passions du peuple; il est si aisé, en s'adressant aux intérêts grossiers, d'égarer les masses, de les pervertir, de les pousser aux plus violents excès !

Sans admettre que la Révolution de Février ait été amenée par des griefs réels de la nation, il faut au moins reconnaître qu'il y avait dans les esprits, je parle des villes qui jusque-là ont en quelque sorte seules pris part aux mouvements politiques; il faut reconnaître, dis-je, qu'il y avait dans les esprits un mécontentement factice, une opposition hargneuse aux actes de l'autorité, une désaffection non équivoque à l'égard du pouvoir et surtout de la famille royale qui en était la représentation héréditaire. Cet étrange sentiment s'était formé peu à peu au milieu de la paix la plus profonde, sous l'empire d'une prospérité matérielle toujours progressive et sans exemple dans le passé, et pendant que se développaient chaque jour des institutions salutaires qui, mieux que dans aucun temps et dans aucun pays, accomplissaient la conciliation toujours si difficile des libertés publiques et de l'exercice du pouvoir. Comment ces dispositions hostiles avaient-elles pris naissance? Comment s'étaient-elles fomentées? Quand aujourd'hui on rejette les yeux en arrière, quand on réfléchit froidement au passé, quand on cherche à se rendre compte des griefs successivement mis en avant par l'opposition avec plus ou moins de violence et d'habileté, et qui avaient fini par s'inculquer comme des articles de foi dans l'esprit d'une grande partie de la bourgeoisie, par y semer la haine pour les institutions qui faisaient le bonheur de la France, on a peine à y croire! Les *jésuites*, le *droit de visite*, le *recensement*, *l'indemnité Pritchard*, la *réforme*, *etc.*, *etc.*, voilà toutes les niaiseries au moyen desquelles la presse ennemie, en répétant chaque jour sur tous les tons les mêmes attaques et les mêmes calomnies, est venue à bout d'égarer une grande partie de la nation, de faire naître dans les esprits une désaffection qui n'a pas fait sans doute la Révolution de Février, mais qui l'a préparée, qui l'a laissé faire. Les hommes de bien, qui en si grand nombre avaient été dupes de toutes ces billevesées, et qui avaient fini par devenir, en quelque sorte sans s'en douter, hommes d'opposition, parce que leur journal leur délayait tous les matins, en termes violents ou perfides, quelques tartines prétendues libérales, ces braves gens sont maintenant tout surpris du rôle qu'ils ont été appelés à jouer dans nos bouleversements; à peine aujourd'hui peuvent-ils croire à leur colère passée; à peine peuvent-ils comprendre les prétextes sur lesquels se fondait alors l'esprit révolutionnaire dont ils se sont rendus les instruments passifs. Mais des illusions analogues s'adressent maintenant à d'autres qu'à eux, et sont bien plus dangereuses encore. S'il a été possible, avec des rabâchages continuels, qui en réalité n'avaient pas de fondements, d'inspirer tant de fausses idées aux meilleurs esprits, de créer parmi la classe moyenne une aveugle indifférence et presque de la haine pour les institutions qui faisaient le bonheur de tous, combien n'est-il pas plus facile d'agiter les classes populaires au moyen des principes bien autrement séduisants pour elles, des espérances bien plus réelles, des appels bien plus directs aux intérêts matériels et aux passions grossières qui, depuis Février, forment le redoutable arsenal de nos prétendus réformateurs sociaux, et servent de base à leurs folles théories! Aussi, voyez quel chemin a été parcouru depuis la révolution si inopinée que nous avons vue s'accomplir en Février! Voyez comme la corruption a marché, comme l'esprit de révolte, comme les idées subversives de tout ordre social ont rapidement envahi toutes les populations de nos villes. Il en sera évidemment de même pour les populations rurales, avec un peu plus de temps, voilà tout, et, convenons-en, le langage qui a si bien fructifié parmi le peuple de nos cités, qui a si bien suffi pour l'enflammer et le pervertir, sera bien plus vrai, bien plus logique, bien plus séduisant, adressé aux habitants des campagnes. Comment un garçon de ferme, engagé moyennant un gage modique au service d'un riche propriétaire, pourra-t-il repousser les tentatrices pensées qu'on lui suggérera en lui disant : *Tu es autant que ton maître; comme lui tu es garde national; comme lui tu as un fusil; comme lui tu es électeur; ton suffrage vaut autant que le sien; tu as autant et plus de force que lui; tu as autant de droits! Comment et pourquoi n'as-tu pas autant de bien; comment est-il riche, au sein de la prospérité, regorgeant de tout, tandis que tu n'as rien, et que pour quelques sous tu uses ta vie à son service afin d'augmenter encore son bien-être? Cela est injuste, cela est contraire à la nature; il faut changer tout cela, et rien n'est plus facile, en nommant pour représentants des hommes qui veuillent le changer. Nomme donc des amis du peuple; nomme tel et tel.* Le même langage, avec quelques variantes, sera tenu au paysan propriétaire de quelques parcelles de terrain, mais qui, selon la loi commune, regardera toujours non pas au-dessous, mais au-dessus de lui. Car c'est une très-grande erreur de trop compter sur les petits propriétaires, et de supposer que, parce qu'ils possèdent, ils ont nécessairement des idées d'ordre et de conservation. La propriété donne aux petits propriétaires surtout le désir de s'agrandir, et leur suggère bien plus encore le goût du bien d'autrui qu'elle ne leur inspire des pensées de stabilité. Le langage révolutionnaire sera ainsi plus lentement, mais non moins fructueusement écouté dans les campagnes que dans les villes, parce que, en adressant aux intérêts et aux passions un langage violent, on finit toujours par se faire entendre. Ne nous endormons donc pas dans une fausse sécurité, et ne nous abusons pas sur le véritable état des choses. S'il était possible que le régime électoral actuel fonctionnât longtemps, il devrait nécessairement amener, dans un délai plus ou moins rapproché, une chambre dont la majorité serait imbue de toutes les doctrines que nous combattons sans relâche depuis Février, doctrines qui ont déjà fait tant de mal au pays, et qui, une fois personnifiées dans un pouvoir se prétendant le produit du suffrage universel, accompliraient sans obstacle la destruction de toute l'organisation sociale.

VI.

Mais il est impossible que ce système absurde qui, sous le nom de suffrage universel, a été imposé au pays, pèse longtemps sur la France. Ses vices, ses impossibilités, ses dangers sont si frappants, qu'il est permis d'espérer que la raison publique en fera justice avant qu'il ait pu porter tous ses fruits, avant que les conséquences inévitables qu'il doit entraîner aient eu le temps de se développer, et de rendre le mal irréparable.

Quelle modification y sera faite? Plus elle sera profonde, plus elle sera salutaire. Quelle qu'elle soit, elle devra être reçue comme un bienfait de la Providence, comme un retour à l'ordre, comme une garantie de l'avenir aujourd'hui si cruellement compromis. Car, dans la situation où la Révolution de Février a placé les esprits, ce n'est plus des libertés publiques qu'on s'inquiète, ce n'est plus contre le pouvoir, c'est contre le danger des prétendues libertés qu'on cherche à se défendre.

Sommes-nous destinés à tomber sous un pouvoir despotique, à voir disparaître toutes les formes représentatives, et à n'avoir plus à nous préoccuper des systèmes électoraux?

Devons-nous revenir à des élections privilégiées, à un nombre d'électeurs restreint par des conditions de cens et de capacité?

Enfin, le suffrage universel doit-il être maintenu, mais soumis dans la pratique à des conditions nouvelles qui en affaiblissent les dangers, et qui puissent en faire sortir l'expression plus réelle et plus intelligente de la véritable opinion publique?

Il n'y a évidemment qu'un moyen de rendre le suffrage universel praticable et vrai, nous l'avons dit, c'est de le soumettre à deux degrés. On a objecté avec beaucoup de raison que lorsque le suffrage n'est pas direct, lorsque l'électeur appelé à donner son vote n'exprime qu'un suffrage dont il ne peut apprécier la portée, et dont les effets appartiennent à d'autres qu'à lui-même, l'indifférence devient à peu près générale, et que l'exercice du suffrage universel n'est plus que fictif. C'est ainsi que les choses se passaient sous la Constitution de l'an VIII.

Mais nous l'avons vu, l'indifférence est à redouter dans tous les systèmes; elle ne saurait, dans aucun cas, être plus dangereuse que dans celui qui nous régit maintenant. Il s'agit donc surtout de se mettre à l'abri des effets de cette indifférence, et de trouver le mode dans lequel elle puisse offrir le moins de périls.

Si, pour les élections politiques, chaque commune était appelée à nommer un certain nombre de délégués proportionné à sa population, si ces délégués, ainsi nommés, se réunissaient immédiatement au chef-lieu de département pour procéder entre eux à l'élection définitive, le principe du suffrage universel serait maintenu, sans présenter peut-être beaucoup de dangers.

Le vice radical du système actuel, ce qui le rend essentiellement absurde, c'est l'obligation imposée aux électeurs de voter par scrutin de liste, c'est la nécessité pour un paysan, par exemple, de porter sur son bulletin un nombre plus ou moins grand de représentants, qui doivent être pris dans toute l'étendue du département.

Le choix se trouve abandonné au hasard, la confection de la liste des candidats est nécessairement le résultat d'intrigues plus ou moins coupables, parce qu'il n'est pas possible que ceux qui votent sachent ce qu'ils font. Cela est si vrai, qu'en pratique l'impossibilité d'opérer autrement a conduit à une sorte de système à deux degrés. Il se forme dans chaque arrondissement, dans chaque département, des comités qui se présentent comme les délégués des électeurs, et qui, au moyen de ce titre toujours usurpé, viennent ensuite imposer à la masse des électeurs des listes toutes faites, que ceux-ci ne peuvent qu'adopter aveuglément, puisqu'ils sont tout-à-fait hors d'état de former eux-mêmes utilement d'autres listes. Combien d'abus et d'intrigues de toutes sortes ce système menteur de délégations illégales ne produit-il pas? et à quels résultats peut-il conduire? Nous en avons vu les plus tristes et les plus scandaleux exemples.

Si dans chaque commune la délégation était réelle; si, en d'autres termes, chaque commune n'avait à nommer, proportionnellement à sa population, que des délégués appelés eux-mêmes à concourir ensuite à l'élection définitive, la plupart des inconvénients disparaîtraient. Dans chaque commune les électeurs, même les moins éclairés, pourraient ne pas être embarrassés pour choisir leurs délégués, parce que cette nomination serait à leur portée; quelque bornées que pussent être les intelligences de quelques-uns, le bon sens général, un certain instinct de localité, leur indiqueraient toujours assez, dans le cercle étroit de la commune, les noms de ceux faits pour leur inspirer quelque confiance, de ceux dignes d'être leurs mandataires. Ils sauraient et ce qu'ils auraient à faire et ce qu'ils feraient; ils seraient sous l'empire d'une sorte de responsabilité locale. Comme il ne s'agirait après tout que de donner, presque sans se déplacer, un témoignage de confiance à des voisins, à des hommes qu'on connaîtrait bien, l'indifférence semblerait moins à craindre; elle offrirait peu de danger, parce qu'il serait difficile que, restreints à la commune, les choix, même lorsqu'ils seraient faits par un petit nombre relatif, pussent s'égarer sur des noms mal famés, sur des hommes tout-à-fait incapables ou complètement hostiles à l'ordre. Cela pourrait arriver quelquefois, sans doute, par suite de passions locales et suivant que les idées démagogiques auraient fait plus de progrès dans le pays, mais les choix faits sous l'empire des sentiments hostiles, iraient probablement se neutraliser dans la masse des nominations faites ailleurs. Il y a donc lieu de croire que les nominations de délégués seraient satisfaisantes et sages dans leur ensemble, et qu'on y trouverait au moins l'expression vraie de l'opinion populaire, la véritable réponse du suffrage universel.

Les délégués régulièrement nommés dans les communes se réuniraient dans le chef-lieu du département, et là, après s'être éclairés entre eux, après avoir apporté à la réunion générale l'opinion des populations dont ils seraient réellement les fondés de pouvoirs, ils procèderaient aux élections définitives. Peut-être obtiendrait-on ainsi une représentation sérieuse du pays, et des nominations qui seraient, autant que cela est possible, à l'abri des manœuvres de l'intrigue et de l'influence des mauvaises passions.

Ce n'est certainement pas là ce que voulaient les républicains de la veille, après la Révolution de Février; ce n'est pas ainsi qu'ils seraient venus à bout de se faire nommer, et qu'ils auraient pu venir se poser en représentants du pays. Il n'est donc pas étonnant qu'ils aient eu recours au système mensonger du suffrage universel direct et des scrutins de liste. Que l'Assemblée nationale, fruit de ce mode d'élection, l'ait maintenu dans la Constitution élaborée par elle, cela se comprend encore; elle ne pouvait briser l'instrument qui l'avait créée, et à l'aide duquel seul, la plupart de ses membres pouvaient conserver quelque espoir de remonter sur leurs siéges éphémères. Mais il y a lieu de s'étonner que quelques hommes éclairés, quelques membres distingués de nos précédentes assemblées législatives, jouissant d'une réputation méritée de savoir, ayant acquis une grande expérience des questions politiques, et qui, par exception, faisaient partie de la commission appelée à préparer le projet de Constitution, aient pu attacher leurs noms à la législation politique qui régit nos destinées et qui semble aussi contraire aux inspirations de la raison qu'aux leçons du passé. Comment M. Dupin, M. Dufaure et quelques autres encore ont-ils pu coopérer à l'établissement de l'absurde système électoral qui pèse sur nous? La marche des événements et des esprits leur aura peut-être au moins inspiré quelques regrets, et lorsqu'il sera question de remédier au mal, de prévenir les terribles conséquences qu'entraînerait inévitablement la Constitution qui vient à peine d'être établie, nous les verrons sans doute aux premiers rangs pour porter la cognée sur ce triste monument des folies de 1848, et pour s'efforcer de le mettre, s'il est possible, en harmonie avec les éternels enseignements de la raison et de l'histoire, et avec l'état réel de la nation française.

Janvier 1849.

DE L'ABOLITION DE LA PEINE DE MORT EN MATIÈRE POLITIQUE.

(**Mai 1849.**)

On a souvent dit à la tribune de l'Assemblée nationale, que l'abolition de la peine de mort pour les crimes politiques, était l'une des conquêtes de la Révolution de Février. Pour celle-là, et si conquête il y a, c'est à tort que la République s'en vante; car la peine capitale était bien de fait à peu près abolie, pour les attentats politiques, sous le règne de Louis-Philippe, puisque, grâce à l'excessive mansuétude de ce monarque, durant les dix-huit années pendant lesquelles il a présidé aux destinées de la France, et quoique cette longue période ait été souvent marquée par des révoltes à main armée, par des attaques de toute nature contre l'ordre établi, nous n'avons vu, à la suite des innombrables procès politiques déférés à la justice de tous les degrés, mourir sur l'échafaud que quatre ou cinq des assassins du roi. D'autres, coupables aussi d'avoir attenté aux jours du souverain, n'ont payé leur crime que de la prison ou de l'exil. Quant aux nombreux artisans des troubles qui ont si souvent mis la société en péril, quant à tous ceux qui, en

1831, 1832, 1834, etc., etc., ont si cruellement ensanglanté nos cités, aucun n'a subi la peine capitale; des amnisties ou des grâces partielles sont toujours venues adoucir graduellement les condamnations, et rendre même la liberté à presque tous les coupables. Ce n'est certes pas que nous entendions faire un mérite au gouvernement de Louis-Philippe d'avoir ainsi réalisé d'avance, par une indulgence qui, nous le croyons, a été fatale, le système d'impunité pompeusement proclamé par nos républicains de la veille. Mais il est bon de remarquer que ceux-ci, en s'attribuant à grand bruit une prétendue amélioration de la législation criminelle déjà admise, à tort ou à raison, dans la pratique par le gouvernement qu'ils ont renversé, montrent, suivant leur usage, plus de charlatanisme que de bonne foi.

Au commencement du règne de la Convention, Robespierre proposa aussi de décréter l'abolition de la peine de mort! On sait combien cette modification dans nos lois pénales fut réelle, et avec quelle douceur la République de 1793 marcha dans la voie de clémence si bénignement ouverte par celui qui fit ensuite élever tant d'échafauds et ruisseler tant de sang! Dieu merci! les républicains de 1848 n'en sont pas encore venus là; toutefois, le court espace de temps qui s'est écoulé depuis qu'ils ont aboli légalement la peine de mort en matière politique a été marqué, plus qu'aucune autre époque, par de cruelles dissensions; nous avons vu de nombreuses victimes succomber dans nos combats de rues, et jamais peut-être tant de sang n'a été répandu pour des causes politiques. La peine capitale n'était plus inscrite dans notre Code politique; elle y était remplacée par le mot sacramentel de *fraternité!*

Quoi qu'il en soit, il n'y a plus de peine de mort pour les

faits politiques, non pas seulement dans la pratique, comme sous Louis-Philippe, mais légalement. Le principe est posé d'une manière absolue par l'article 5 de la Constitution.

Où commence le crime politique? Qu'est-ce qui le constitue? Où est la limite qui le sépare des autres attentats? A quels signes, par exemple, l'assassinat prendra-t-il le caractère sacré de crime politique? C'est ce que la Constitution se garde bien de dire, et ce que nous n'avons pas à rechercher. Mais d'après son texte, l'homme coupable d'attentat contre le gouvernement du pays, contre la société, ne peut plus être puni de mort; ce n'est plus par la clémence du pouvoir, mais par la volonté toute-puissante de la loi, qu'il conservera désormais la vie.

Examinons ce principe et cherchons à apprécier ses conséquences.

Quand la société punit, c'est pour elle; ce n'est que pour sa défense qu'a été imaginée la législation criminelle. Lorsqu'un assassin est condamné à mort, ce n'est certes pas afin de donner une inutile satisfaction à sa victime. Si la justice prive de la liberté des voleurs ou des faussaires, cela importe assez peu à ceux qui ont souffert de leurs méfaits, et qui tiennent beaucoup plus à être indemnisés, si cela est possible, du préjudice qu'ils ont subi. Les peines que les lois appliquent aux crimes sont donc toujours basées sur l'intérêt général de la société, sont mesurées sur les dangers que court celle-ci, et doivent être d'autant plus fortes que sont grands les périls dont l'organisation sociale est menacée, par les attentats que la législation a surtout pour but de prévenir.

Or, les crimes politiques ne présentent-ils pas à la société plus de dangers que tous les autres, et n'est-ce pas contre ceux-là surtout qu'elle a besoin de se défendre?

L'assassinat et le vol, dans leurs nombreuses variétés, appellent sans doute la plus énergique répression, puisque chaque citoyen est à tout instant menacé d'être atteint par ces crimes, et que, s'ils restaient impunis, on verrait se développer sans obstacles les plus funestes passions, et se multiplier à l'infini les attentats contre la propriété et la vie des individus qui, membres de la société humaine, doivent être défendus par elle dans l'exercice de leurs droits naturels. Toutefois, ces crimes, quelque dangereux et dommageables qu'ils puissent être, n'atteignent jamais que des particuliers isolés; leurs conséquences sont limitées; la défense personnelle est presque toujours possible pour les repousser; le but des misérables qui s'y livrent et l'intérêt qui les excite sont circonscrits dans des bornes étroites.

Combien les crimes politiques sont plus graves, les conséquences qu'ils entraînent plus générales, les passions qui leur servent de mobile plus redoutables! Combien ils accumulent plus de dangers et de maux pour l'humanité!

C'est la société toute entière qu'ils menacent et qu'ils ébranlent.

La fameuse machine infernale dirigée contre le premier Consul, ne compromettait pas seulement les jours de ceux que ses débris pouvaient frapper, elle mettait en question le sort de toute la France, et si ses audacieux auteurs avaient réussi dans leur affreux projet, l'anarchie serait sans doute venue de nouveau envahir, avec ses hideux excès, le pays renaissant alors à la paix et à la prospérité.

Les révoltes sanglantes qui, sous le règne de Louis-Philippe, ont plusieurs fois si violemment agité la nation, menaçaient la civilisation jusque dans ses bases, attaquaient toutes les existences et tous les intérêts. Si on ne considère que leurs résultats matériels et immédiats, chacune de ces émeutes, quoique vaincue, quoique n'atteignant pas son but, frappait toujours beaucoup de victimes. Pour en compter autant, que de crimes particuliers il faudrait agglomérer! de combien d'années ne faudrait-il pas compulser les registres criminels ordinaires ?

En février, la catastrophe a été complète; le triomphe a couronné ceux qui attaquaient le pouvoir. Mais de quelles terribles, de quelles incalculables calamités n'a-t-il pas été suivi? La prospérité et l'avenir du pays, tout a été compromis, tout a été renversé.

En mai, en juin, à quoi a-t-il tenu que la victoire restât à la cause de l'ordre, et que la civilisation ne fût pas tout-à-fait engloutie dans la plus effroyable désorganisation? Mais que de sang encore! Que d'horreurs! Où trouver une plus longue liste de meurtres et de crimes?

Les attentats politiques, qui par leur nature sont dirigés contre la société même, et la compromettent dans toutes ses ramifications, sont donc évidemment ceux qu'il lui est le plus nécessaire de prévenir et de réprimer; c'est contre ces attentats qu'elle doit surtout diriger ses efforts et réserver ses punitions les plus sévères.

Comment donc les crimes politiques seraient-ils garantis de la peine de mort qui atteint les autres crimes? Comment donc la peine capitale maintenue dans nos Codes serait-elle précisément exceptée pour les cas où le droit de légitime défense autorise le mieux la société à s'en armer?

On a dit que la triste expérience de nos dissensions politiques doit effrayer le législateur sur l'application de la peine de mort, à des faits qui, suivant les événements tour à tour favorables ou contraires à tous les partis, sont tantôt des crimes, tantôt des actes louables, et on en a tiré la conséquence que, par une sorte de transaction entre les passions politiques, il était sage de garantir de la peine capitale ceux qui se font les instruments actifs de ces passions, et qui, immolés aujourd'hui sur l'échafaud, pourraient demain, peut-être pour les mêmes faits qui les y auraient conduits, être appelés à des récompenses. Cette sorte d'incertitude sur la qualification des faits les plus graves est un bien triste legs des révolutions qui agitent la France depuis soixante ans. Mais prenons garde; s'il a fallu subir les événements qui nous ont été infligés par la Providence, ne les considérons que comme des faits qui n'ont pu altérer le principe le plus incontestable de l'ordre public, et n'allons pas justifier, par l'excès même du mal, les causes qui ont pu le produire. Il ne faut pas, d'ailleurs, oublier que cette mansuétude qu'on voudrait introduire dans la répression des troubles politiques, n'a jamais été pratiquée par les partis violents; l'histoire de notre révolution, comme l'histoire de tous les siècles est là pour l'attester. Dans tous les temps on a vu les factions qui attaquent le gouvernement de leur pays, s'efforcer de neutraliser sa puissance en lui imposant une excessive modération; mais une fois au pouvoir, loin de suivre les principes à l'aide desquels elles ont pu vaincre, elles ont, au contraire, recours à toutes les armes de l'autorité, à toutes les rigueurs de la répression, à toutes les violences de la tyrannie. Si les gouvernements doux et modérés périssent, c'est presque toujours par la faiblesse et par l'excès de leur respect pour des formes qu'ils se sont laissé prescrire, et qui ne sont pas respectées par leurs adversaires. C'est ainsi que la société, en cédant à des scrupules que s'efforcent de lui suggérer ses propres ennemis, est souvent leur dupe et devient victime des ménagements qu'elle s'impose.

La première nécessité pour elle, c'est de se maintenir; c'est de se défendre, et cette nécessité est surtout impérieuse contre les crimes politiques qui la menacent incessamment.

Loin donc d'affranchir les attentats politiques de la peine capitale, conservée pour d'autres crimes par nos lois, il semble, au contraire, que si la peine de mort était effacée de nos codes, elle devrait exceptionnellement être maintenue pour les crimes politiques.

Cette proposition peut d'abord paraître paradoxale, sous l'empire des fausses idées qui sur ces matières se sont en quelque sorte érigées en maxime; mais il y a pour la motiver une raison sans réplique. C'est que, contre les crimes politiques, il n'y a de punition possible que la peine de mort, et que si vous supprimez celle-là, il ne reste plus que l'impunité la plus complète.

En effet, les condamnations qui, en dehors de la peine capitale, atteignent les coupables ordinaires, les punissent de deux manières; d'un côté, par la durée de la peine, de l'autre, par l'infamie attachée à la condamnation, infamie qui suit les condamnés jusqu'au-delà de l'époque où la durée de leur punition effective s'est accomplie.

Eh bien, pour les condamnations politiques, il n'y a nécessairement ni durée de la peine, ni infamie attachée à la punition!

Il n'y a pas de durée, parce que l'expérience a démontré que lors même que des changements politiques ne viennent pas brusquement mettre un terme aux punitions, et les métamorphoser en titres d'honneur, des amnisties ne manquent jamais de les abréger. En France, du moins, il en est toujours ainsi; par une sorte de résignation tacite, par un faux sentiment d'humanité, le pouvoir se croit obligé de faire promptement grâce aux condamnés politiques, et depuis longtemps dans nos annales criminelles on n'en saurait trouver un seul qui ait subi dans leur entier les condamnations dont il avait été frappé.

La sécurité que donne à cet égard l'expérience du passé, l'espérance qui, dans ses illusions, suit toujours un condamné politique, et lui fait constamment entrevoir, dans le triomphe prochain du parti auquel il appartient, la fin de son châtiment, enlèvent évidemment toute importance et toute réalité aux condamnations temporaires infligées aux crimes politiques. A leur égard, le principal caractère de la punition s'évanouit, elle devient illusoire, elle ne peut avoir la durée.

Quant à l'infamie qui suit le condamné pour les crimes ordinaires pendant toute sa carrière, et qui forme une si terrible partie de la punition, elle n'existe pas le moins du monde pour les crimes politiques. Les condamnés, loin d'être frappés d'infamie, sont considérés, par ceux qui partagent leurs opinions, comme des héros, comme des martyrs, et, par un déplorable résultat des folles doctrines avec lesquelles nous a familiarisés le spectacle de nos fréquentes commotions révolutionnaires, la société s'est accoutumée à faire elle-même une grande distinction entre les condamnés politiques et les autres, et à ne pas poursuivre les hommes dangereux qui ont compromis son existence toute entière, de la honteuse réprobation dont elle frappe ceux qui se sont bornés à attaquer quelques parcelles des fortunes particulières.

Ainsi, le condamné politique, soit par l'effet du fanatisme qui le domine toujours, soit par suite des démonstrations favorables qui l'accompagnent constamment de la part de ceux pour les opinions desquels il s'est sacrifié, et qui ne manquent pas de lui prodiguer tous les témoignages possibles de sympathie et d'estime, soit enfin par une conséquence des doctrines qui ont envahi la société, le condamné politique n'est jamais frappé d'infamie.

Si la durée de la peine est toujours illusoire, si l'infamie ne la suit pas, que reste-t-il donc au châtiment temporaire appliqué aux crimes politiques, et n'est-il pas vrai de dire que contre ceux-là il n'y a malheureusement que la peine de mort? Déclarer que ce terrible châtiment ne leur sera jamais appliqué, n'est-ce pas proclamer qu'ils resteront toujours impunis?

Mais rien n'est plus dangereux pour l'état social que cette impunité; et, avec le principe posé et les conséquences qu'il entraîne, il n'y a pas de gouvernement durable possible.

Lorsque ce principe n'était pas proclamé dans la législation, lorsque le condamné politique ne recevait sa grâce que de la clémence du pouvoir, et semblait dans ce cas devoir au moins la payer de quelque reconnaissance, voyez quels ont été les effets de l'espèce d'immunité attribuée aux crimes politiques.

Il est bien avéré aujourd'hui que la Révolution de Février a été accomplie surtout par des condamnés politiques graciés; il est historique que c'est principalement au concours énergique de quelques anciens conspirateurs, experts émeutiers qui, après des condamnations bénignes, avaient encore reçu des commutations de peine et des grâces, que sont dus les derniers actes de ce drame terrible dont les premiers auteurs ne prévoyaient pas le fatal dénouement. On peut, avec assez de vraisemblance, supposer aujourd'hui que si quelques hommes jouissant d'une triste célébrité n'avaient pas apparu au milieu de cet horrible conflit; si, frappés dans le temps comme les lois et le salut du pays semblaient l'exiger; ou si, séquestrés, du moins jusqu'à l'expiration légale de leur peine, de la société dont ils s'étaient montrés les ennemis acharnés, ils n'avaient pu apporter à la révolte leurs enseignements et leur expérience; s'il ne leur avait pas été permis d'imprimer à l'insurrection un degré tout particulier de fureur sauvage et de haine implacable, on peut supposer que nous n'aurions pas vu s'accomplir l'effroyable catastrophe où sont venues s'engloutir les existences particulières comme la prospérité publique.

Quel plus grand enseignement contre cette fatale disposition à excuser les crimes politiques, contre cette fausse clémence qui a si souvent aveuglé le gouvernement de Louis-Philippe, et qui ne l'a pas cependant préservé des plus violentes accusations de tyrannie?

L'abolition de la peine de mort pour les crimes politiques était devenue une dangereuse pratique; elle est maintenant consacrée par les lois comme un principe immuable de notre Constitution!

De ce principe découle nécessairement l'absence de toute punition sérieuse pour les attentats politiques; sous son empire, les ennemis de l'ordre public n'ont donc aucune répression à craindre, et rien ne peut arrêter le développement de leurs manœuvres contre la société.

Mais s'ils n'ont rien à redouter, si aucune punition ne

peut les atteindre lorsque leurs trames sont déjouées, lorsque leurs attaques sont repoussées, que ne peuvent-ils pas espérer au contraire en cas de succès?

Le pouvoir, les honneurs, la fortune, les récompenses nationales, sont là comme des appâts irrésistibles pour les exciter.

S'ils sont vaincus, punition insignifiante, gloire aux yeux de leurs partisans, titre pour l'avenir à des rémunérations, certitude de pouvoir recommencer bientôt avec plus d'expérience et de force.

S'ils sont vainqueurs, fortune, pouvoir, honneur, tout est à eux.

Quand on réfléchit froidement à cet état de choses, on est forcé de reconnaître qu'il n'y a pas dans nos mœurs de plus belle carrière que celle de conspirateur. Le nombre de ceux qui se sont livrés à cette heureuse industrie, pendant les années que nous venons de traverser, a certes été bien grand, mais on a lieu d'être surpris qu'il ne le devienne pas chaque jour davantage encore, et à une époque où tant de gens sont embarrassés pour trouver des occupations productives, pour se créer des moyens d'existence, il est étonnant que tous les oisifs ne deviennent pas artisans de troubles et complices de conspiration. Se faire ennemi du gouvernement et de la société, c'est la position la plus sûre et la plus avantageuse qu'il soit possible de prendre; c'est un état dans lequel il n'y a rien à risquer et tout à gagner.

Mais quand on en est là, la société est-elle possible? Et les dangers qui la menacent ne doivent-ils pas frapper les yeux les moins clairvoyants, les esprits les plus aveuglés?

DU PARTI DE L'ORDRE.

(Mai 1849.)

Tout le monde parle du parti de l'ordre, tout le monde veut en être, presque tout le monde en est; mais je ne sais si l'on s'entend bien à cet égard, et si ces mots *parti de l'ordre*, ne sont pas un peu vides de sens par leur élasticité même qui se prête à toutes les interprétations. Chacun veut bien l'ordre pour soi, mais chacun le comprend à sa manière. Les républicains de la veille voient l'ordre dans le maintien des conquêtes matérielles que leur a assurées l'escamotage de Février, dans la concentration en leurs mains de toutes les positions salariées et honorifiques auxquelles ils ont si bien su s'accrocher. Les républicains rouges, les socialistes, communistes et *tutti quanti*, voient l'ordre dans le développement des institutions qui nous ont été imposées, et qui, sans les satisfaire encore, à beaucoup près, leur assure, du moins dans un temps donné, le triomphe complet des doctrines qu'ils professent. N'entendons-nous pas, en effet, tous les jours les chefs de ces divers partis, dans leurs réunions et dans leurs journaux, dire à leurs adhérents qu'ils doivent bien se garder des moyens violents, qu'ils n'ont pas besoin de recourir aux voies insurrectionnelles, que, mis en possession du suffrage universel, tel qu'il a été traduit ou plutôt travesti par la Constitution, cette arme irrésistible leur suffit, et que, par le résultat progressif de ce droit concédé aux masses, et dont elles apprendront bien vite à faire l'usage le plus utile à leurs intérêts, ils doivent nécessairement arriver à la réalisation entière de toutes leurs utopies, à la régénération sociale qu'ils rêvent? Je crois qu'ils ne se trompent pas, et qu'avec les institutions qui nous régissent, les partis hostiles à la société n'ont rien de mieux à désirer, quant à présent, que le maintien et le développement de ces institutions, qu'ils ont seulement besoin de savoir attendre que le fruit mûrisse, et qu'en un mot, ils doivent, par dessus tout et mieux que tous les autres, soutenir ce que beaucoup de gens, de concert avec eux, sans partager leurs vues, appellent fort improprement, à mon avis, l'ordre. Je ne peux comprendre l'ordre, garantie de l'état social, de la même manière que ceux qui dans leur instinct en font un instrument de destruction; je ne peux voir l'ordre où le placent les ennemis patents de l'état social. En effet, qu'est-ce que l'ordre? Faut-il entendre par là exclusivement l'ordre matériel, momentané? Faut-il appeler ordre tout ce qui n'est pas désordre? Faut-il faire ce que j'ai vu faire dans les plus mauvais jours de 1848, lorsque nous jouissions à Lyon de toutes les douceurs du proconsulat Arago par beaucoup de braves gens qui, toujours sous la préoccupation de ce que leur avait fait redouter la seule apparition du mot de République, étaient ravis de ce qu'on n'en faisait pas davantage, de ce qu'on leur laissait la tête sur les épaules, de ce qu'on ne les avait pas encore dépouillés de tous leurs biens? En effet, ce que nous subissions alors, quelque honteux, quelque intolérable que cela pût être, n'était rien sans doute en comparaison de ce qu'avaient souffert nos aïeux en 1793; relativement, c'était presque de l'ordre. Depuis, l'état des choses s'est certainement beaucoup amélioré encore; nous avons fait de grands progrès, nos lois ont repris de l'empire; en un mot, il y a de l'ordre et beaucoup d'ordre sous le rapport matériel. Mais est-ce là tout? Y a-t-il de l'ordre réel sans sécurité? Et trouve-t-on dans l'état politique du pays quelques garanties, quelques gages de stabilité? Peut-on voir le règne de l'ordre, dans une situation comme celle où nous nous trouvons, lorsque chaque matin tout est mis en question, lorsque à tout instant on redoute des insurrections, des bouleversements, lorsque nous sommes condamnés à voir constamment, et à des époques plus ou moins rapprochées, les passions les plus violentes s'exercer librement dans le vaste cercle que la loi électorale leur a si imprudemment abandonné? Lorsque le sort du pays, l'existence de l'état social, peuvent dépendre de la circonstance la plus fortuite, des volontés les plus faibles ou les plus ignorantes, des passions les plus brutales? Lorsque l'incendie, attisé par les excitations furibondes des démagogues parisiens, a envahi presque l'Europe entière et semble revenir de toutes parts à nous, plus menaçant que jamais, plus intense, fortifié par les aliments que lui ont prodigué partout les passions anarchiques? L'ordre peut-il réellement exister, peut-il être durable, dans un état politique qui, en admettant les chances les plus favorables, nous condamne à voir se développer, jusqu'à leur dernière période, jusqu'à leurs conséquences extrêmes, les principes anti-sociaux sous lesquels s'abrite la démagogie? Dans un état politique, où devront inévitablement se perpétuer des luttes acharnées entre un pouvoir exécutif, produit de l'élection, et une assemblée législative unique, élective aussi, mais affranchie du salutaire frein de la dissolution? où toutes les ambitions créées et entretenues par de continuelles agitations, viendront régulièrement se disputer, par tous les moyens, la conquête du pouvoir suprême, laissée à la nomination périodique de tous, à la désignation du suffrage universel, du prétendu suffrage universel tel qu'on l'a constitué? Ces luttes qui seraient si dangereuses, si menaçantes pour l'ordre et la société, même resserrées dans le champ que leur a laissé une Constitution imprévoyante et stupidement théorique, comment ne sortiront-elles pas de ce cercle imaginaire? Comment ne franchiront-elles pas les limites qui leur semblent assignées? Comment resteront-elles purement constitutionnelles? Comment ne deviendront-elles pas sociales, révolutionnaires? Comment n'emprunteront-elles pas aux passions qu'elles entretiendront leur violence, leur aveuglement, leur barbarie?

L'expérience de tous les temps ne l'a que trop prouvé; les révolutions, si elles ne sont pas comprimées avec la plus vive énergie, ne s'arrêtent pas; les moyens termes, les transactions, les concessions, sont contre elles d'impuissants remèdes; en cédant aux principes que l'on veut combattre, on ne fait que leur donner une nouvelle force, on n'arrive ainsi qu'à des temps d'arrêt, qu'à des moments de répit, pendant lesquels l'esprit révolutionnaire se recrute et se fortifie; en obéissant aux premières exigences, on en fait surgir de nouvelles; les partis violents, à mesure qu'ils sont satisfaits, font place à des partis plus violents encore. Si le torrent dévastateur n'est pas arrêté par la plus énergique résistance, des efforts timides et indirects ne font que précipiter son cours. Il faut arriver au bout ; ce sont toujours les passions les plus anarchiques, les prétentions les plus subversives, les principes les plus furibonds, qui finissent par l'emporter. En fait de révolution, c'est aux extrêmes qu'appartient l'avenir, jusqu'à ce que l'excès du mal ramène au bien, quand toutefois les jours des nations livrées aux agitations révolutionnaires ne sont pas à l'avance comptés par la Providence, quand elles ne sont pas fatalement destinées à disparaître, à s'éteindre à jamais dans le gouffre de la barbarie.

Ce sont là de tristes vérités qu'on chercherait vainement à méconnaître. Croire que sur l'effroyable penchant qui nous entraîne, il soit possible de rester stationnaire ; espérer y trouver l'ordre dans la véritable acception du mot, prendre pour de la stabilité quelques intervalles lucides, quelques moments où l'ordre matériel n'est pas bouleversé, c'est la plus grande des illusions.

Il n'y a pas d'ordre sans stabilité, sans garantie d'avenir et de durée. Il faut à tout prix reconquérir ces garanties, il faut rétablir la société sur les bases de stabilité qui lui manquent, ou il faut subir jusqu'au bout nos destinées révolutionnaires.

Les hommes qui sont encore dupes des utopies auxquelles cependant l'expérience de nos longues agitations semble laisser bien peu de séduction, et qui croient défendre la cause de l'ordre, en s'efforçant de maintenir un état de choses exclusif de toute stabilité, agissent aveuglément contre leur propre but. Ils se rendent, sans s'en douter, les instruments de ceux qui visent au renversement de l'état social, et sont peut-être, dans la grande lutte ouverte entre les ennemis et les défenseurs de la société, les plus dangereux de tous les combattants, parce que leur concours indécis et trompeur ne peut profiter qu'aux factions extrêmes qui veulent aussi, avant tout, conserver les conquêtes faites par la démagogie, et au moyen desquelles seulement elles peuvent arriver à la réalisation complète de leurs vues.

Trois partis sérieux forment la presque totalité de la portion la plus éclairée de la nation : les napoléonistes ou impérialistes, les légitimistes, les philippistes ou anciens conservateurs. Ces partis ont tous trois maintenant de profondes racines; chacun est vivace, chacun a de l'avenir. Le long règne de Louis-Philippe, marqué par tant de prospérités réelles, avait presque entièrement absorbé les napoléonistes, et avait de jour en jour diminué le nombre et l'importance des légitimistes. Mais la Révolution de Février a rendu à ces vieux partis une force toute nouvelle, une force durable, et l'un des plus grands maux que cette terrible commotion aura produit, sera peut-être d'avoir préparé au pays, dans l'avenir, de longues divisions, des luttes sanglantes, des alternatives de succès et de revers entre des prétendants au pouvoir, qui tous y aspireront avec des titres plus ou moins plausibles, qui tous verront se grouper autour d'eux de respectables affections et des intérêts puissants. Quelque triste que puisse être la perspective des divisions futures entre les trois grands partis qui auront probablement à se disputer l'avenir de la France, il est impossible de ne pas l'envisager; mais il faut reconnaître aussi que, quant à présent, pour la question sociale qui s'agite et domine tout maintenant, ces partis tendent tous trois à un but uniforme; que tous trois placent l'ordre dans la stabilité, que tous trois sentent le besoin impérieux d'avoir des institutions durables, un pouvoir fort par lui-même et par son principe. Tous trois comprennent aussi que, dans le danger commun, les questions personnelles aux partis, si on peut parler ainsi, sont tout-à-fait secondaires; que l'ordre social, menacé de toutes parts, ébranlé sur ses bases, réclame d'abord des défenseurs; qu'il faut avant tout réunir tous les efforts pour opposer des digues aux factions démagogiques, pour arrêter l'esprit de destruction qui semble devoir tout envahir, et qui, si les armes dont l'a pourvue la Révolution de Février ne lui étaient promptement arrachées, ne manquerait pas d'engloutir dans la plus effroyable anarchie la société toute entière. On conçoit donc que ces trois grands partis s'unissent, qu'ils combattent ensemble pour la défense ou plutôt pour le retour de l'ordre; on comprend que dans ce noble but, dans cette nécessité commune de défendre l'ordre social, ils ajournent leurs prétentions spéciales, et s'en remettent en quelque sorte sur ce point à la fortune et à l'avenir. L'alliance entre ces trois partis est par conséquent naturelle, utile, loyale, et si elle est franche, elle doit assurer le triomphe de l'ordre, le retour des principes de stabilité sans lesquels il n'y a pas d'ordre véritable. Car ces partis embrassent la grande majorité, la presque totalité de la classe élevée et de la classe moyenne, c'est-à-dire des portions de la nation chez lesquelles résident plus généralement les lumières, l'habileté, la fortune, l'influence. En effet, si on suppose ces trois partis réunis et agissant de concert, que reste-t-il en face d'eux? Les républicains de la veille ou du lendemain, ceux qui sont réellement républicains de bonne foi ou qui feignent de l'être, ceux qui croient encore, naïvement par conviction, ou habilement par intérêt, à l'ordre réel et durable avec les institutions que nous a données la Révolution de Février, ceux enfin dont *le National* est la personnification. Ce parti n'est pas nombreux, et a, en réalité, peu de valeur et d'importance. Le petit nombre d'hommes remarquables qu'il renfermait s'est singulièrement discrédité, par l'abus qu'ils ont fait d'une victoire sur laquelle ils étaient loin de compter, par l'indigne exploitation à laquelle ils se sont livrés avec tant d'impudeur, du pouvoir éphémère que le destin avait laissé tomber entre leurs mains, et, disons-le, par le peu de talent qu'ils ont su mettre au service de leur cause. Mais en dehors de ce parti, cherchant par beaucoup d'efforts à se donner une importance qu'il est loin d'avoir, de ce parti qui n'est quelque chose que parce que les autres ne connaissent pas assez sa faiblesse, en dehors de ce parti, il y a les masses populaires, agitées par de toutes autres passions, les masses populaires plus spécialement poussées au renversement de l'ordre social, par les excitations auxquelles elles sont en butte depuis un an. Là, il y a incontestablement le nombre; de ce côté, il faut le reconnaître, il y a de grands dangers à redouter. Ici ce ne sont pas des idées politiques qu'il faut combattre, ce n'est pas l'esprit républicain proprement dit qui anime ces masses, elles lui sont en quelque sorte indifférentes, et leur vote tout récent encore, pour la nomination du Président, n'indiquait certes pas leur sympathie pour la République. Ce qui les pousse aujourd'hui, c'est l'esprit de désorganisation, c'est la tentation d'un changement de l'ordre social, dans lequel elles n'entrevoient qu'un changement favorable à leur position. Là est le véritable danger qui menace la société; c'est là qu'il faut se hâter de porter secours, et il ne faut pas perdre de temps pour s'efforcer de remédier au mal, car il devient de jour en jour plus grave, son intensité augmente rapidement avec la marche du temps, et bientôt peut-être serait-il irréparable.

Les masses populaires, je ne donne pas ce nom à ce ramassis d'hommes sans aveu, sans autre existence que celle du vice, qui pullulent toujours dans une grande capitale, et parmi lesquels se trouvent, il faut le reconnaître, presque tous les soi-disant combattants ou vainqueurs de Février, les véritables masses populaires ont été à peu près étrangères à la Révolution de **1848.** Cette victoire de la démocratie les a laissées sans passion, sans satisfaction, de même que le combat les avait trouvées sans concours. Les excitations de la presse n'arrivaient encore guère jusqu'à elles et les impressionnaient peu, parce que les questions à l'ordre du jour ne les touchaient que fort indirectement, et parce que le spectacle frappant, les résultats incontestables de la prospérité publique, fruit de la paix et de la grande impulsion donnée par le gouvernement à toutes les améliorations matérielles, réfutaient à leurs yeux, de la manière la plus éloquente, la plupart des déclamations des diverses oppositions. Les prédications de communisme et de socialisme, bien plus faites pour les égarer, avaient reçu jusque-là peu de développement, et étaient presque exclusivement restées dans le domaine de la théorie. Mais après la Révolution de Février, accomplie sans grief sérieux, sans cause réelle, après l'avènement de la République, escamoté ou plutôt opéré par hasard, au grand étonnement de la plupart de ses auteurs même, il fallait créer à ce grand événement des causes, des prétextes, il fallait lui donner des défenseurs, il fallait l'appuyer sur l'intérêt et les passions de la multitude. C'est alors qu'a été inventée, pour ainsi dire, *la République démocratique et sociale ;* c'est alors qu'on a eu la machiavélique pensée de s'adresser aux instincts les plus vicieux, aux appétits les plus grossiers des classes populaires; c'est alors qu'on leur a parlé du droit au travail; c'est alors que le communisme et le socialisme ont apparu, en fomentant les plus folles espérances; c'est alors que la richesse et la propriété ont été attaquées de toute manière; c'est alors qu'on a armé du droit électoral le prolétaire, le pauvre, l'ignorant, à l'égal de tout autre; c'est alors qu'en parlant aux intelligences les plus étroites, aux passions les plus basses, de la convenance et de la justice de tout partager, on leur offrait le moyen légal d'arriver à ce partage général, à cette égalité parfaite, rêve absurde aux yeux de la raison, mais toujours séduisant pour l'ignorance et l'incapacité. Voilà d'où est venu le péril. Il peut encore être conjuré, parce que les prédications qui le portent avec elles n'ont pas encore été entendues partout, parce que peut-être elles n'ont pas, jusqu'à présent, pénétré bien avant dans les campagnes, où se trouve la grande masse de la population qu'elles doivent à la longue séduire et corrompre; parce que l'on n'y a pas encore bien compris le but auquel on peut atteindre et l'arme au moyen de laquelle on doit y arriver. Mais qu'on ne s'y trompe pas, ce fatal enseignement fera de rapides progrès, et les institutions qui nous régissent, si rien n'arrête leur développement, auront bientôt porté de toutes parts leurs principes délétères.

Les habitants des campagnes, les paysans ont en général peu de lumières et peu d'élévation dans les idées, mais ils ont de la finesse et ils entendent parfaitement leurs intérêts.

Il ne faut pas rechercher chez eux du patriotisme, des pensées de bien public, des actes d'utilité générale ; ce qui les préoccupe exclusivement, c'est le profit, c'est l'intérêt matériel. En agissant de telle ou telle manière, que pourrait-il leur en revenir le plus directement, le plus certainement possible? Voilà ce qu'ils examinent dans toutes les affaires ; voilà surtout sous quel point de vue raccourci ils envisagent la liberté, l'égalité, les élections; c'est toujours à leur intérêt particulier qu'ils réduisent les questions d'intérêt public, et toute leur politique ne s'élève jamais au-dessus des considérations les plus restreintes et les plus personnelles. N'espérez pas les émouvoir en faisant briller à leurs yeux les pensées généreuses de patriotisme, de philantropie, de liberté; vous ne trouverez prise sur eux qu'en touchant aux cordes de l'intérêt personnel et immédiat. En cela les paysans diffèrent beaucoup du peuple des villes qui, plus façonné par un peu plus d'instruction, par le contact journalier avec toutes les classes, par les excitations bonnes ou mauvaises de la presse, par les émotions du théâtre, par les réunions nombreuses et fréquentes, aux pensées élevées, aux idées de nationalité et de politique, est plus susceptible de patriotisme, mais par cela même aussi plus accessible aux séductions de l'esprit de parti et aux violences des factions. Quoi qu'il en soit, dans cette disposition générale des esprits chez les habitants de nos campagnes, et sur laquelle il ne faut pas s'abuser, les prédications anti-sociales qui depuis un an sont présentées sous toutes les formes, trouvent un terrain parfaitement disposé, et dans lequel elles ne peuvent manquer de fructifier promptement. Le communisme, le socialisme, le phalanstérianisme, tout cela sans doute est fort compliqué et fort embrouillé aux yeux des paysans; aussi se gardent-ils bien d'entrer à fond dans toutes ces théories et de chercher à les comprendre. Les efforts qui sont faits pour combattre ces doctrines par le raisonnement, pour mettre leur inanité à nu, pour prouver que leur mise en pratique absolue ne serait en réalité avantageuse pour personne, ces efforts sont fort louables sans doute; mais ils sont parfaitement inutiles. Les paysans ne prennent pas plus la peine de chercher à étudier et à comprendre les réfutations des systèmes anti-sociaux à l'ordre du jour, qu'ils ne cherchent à se rendre compte de l'application de ceux-ci. Tous ces systèmes ne les frappent que d'une manière; ils n'y voient en gros et dans tous qu'une idée commune, le déplacement de la propriété. Or, toutes les fois qu'on parle du déplacement de la propriété, qu'on le fait envisager comme possible, comme pouvant devenir légal, on est sûr d'être écouté et par ceux qui n'ont rien et par ceux qui ont peu, c'est-à-dire par l'immense majorité de la population. Les uns ne peuvent que gagner, les autres ne croient pas pouvoir perdre; les uns espèrent acquérir quelque chose, les autres augmenter le peu qu'ils ont. Il y a dans nos annales révolutionnaires un grand fait qui donne à ces espérances une sorte de sanction qui semble les légitimer. Dans nos campagnes il y a bien peu de paysans riches dont la fortune n'ait pas eu pour première origine des acquisitions de biens nationaux, de biens d'émigrés. C'était là aussi un déplacement de la propriété, il a bien été sanctionné, et les fortunes acquises par cette voie sont devenues aussi légitimes que les autres. Tous les paysans savent cela, et ils sont fort disposés à y trouver une excuse, un encouragement à des pensées d'enrichissement toujours séduisantes pour eux. Les doctrines de nos prétendus réformateurs éveillent donc nécessairement la convoitise des masses populaires; en même temps, le suffrage universel, tel qu'on l'a institué, met à leur disposition une arme irrésistible pour satisfaire les espérances qu'on a excitées. Quand elles auront bien compris cela, quand elles auront bien vu le but qui leur est indiqué, quand elles auront bien reconnu qu'elles ont entre les mains le moyen de l'atteindre, elles s'en serviront infailliblement, et alors aucune puissance au monde ne pourra retenir la société sur les bords de l'abîme ouvert sous ses pas.

C'est par là qu'il faut expliquer les votes démocratiques qui, sur tant de points, viennent d'être pour les vrais amis de leur pays une si cruelle déception. Le mal n'est pas devenu général, il est encore possible d'y remédier; il y a beaucoup de parties du territoire où le poison des publications anarchiques et les excitations de la presse n'ont pu encore pénétrer. D'ailleurs il ne faut pas s'y tromper, même dans ces campagnes dont les votes démagogiques viennent d'inspirer tant d'effroi aux esprits optimistes disposés jusque-là à se faire des illusions, il n'y a encore aucune opposition réelle, aucune hostilité sérieuse contre le retour de l'ordre fondé sur des bases solides; ces votes inattendus n'ont, en quelque sorte, pas de caractère politique. Dans cette immense partie de la nation qui constitue la population rurale, il n'y a pour ainsi dire ni opinion ni parti politique. Il serait, quant à présent, très-facile de mettre ces populations à l'abri des tentations qui les entraîneront plus tard, de leur enlever ou du moins de neutraliser entre leurs mains le danger des armes que leur donnent si aveuglément nos institutions actuelles.

Mais il faut se hâter.

C'est sous ce point de vue que le parti républicain, qui se

dit défenseur de l'ordre, mais qui ne voit l'ordre que dans le maintien de ce qui existe, est dangereux, parce que, dans son aveuglement et sa faiblesse, tout en croyant maintenir l'ordre, il ne pourrait que nous conduire plus rapidement au plus affreux désordre.

Ce parti, nous l'avons dit, est peu nombreux, et il n'a de consistance sérieuse ni par l'importance personnelle de ses membres, ni par leur influence sur les masses populaires dont il ne satisfait déjà plus les portions avancées.

Ce parti aurait donc dû être abandonné à lui-même. Il est fâcheux que les trois grandes divisions de l'opinion du pays, les trois grands partis qui composent réellement la portion la plus éclairée de la nation ne l'aient pas assez compris et se soient laissé aller, dans beaucoup de cas, à des concessions fâcheuses envers ce parti bâtard qui est leur véritable ennemi, qui est sans forces réelles, à qui ils en ont donné beaucoup peut-être par des transactions imprudentes, et qui, loin de les aider à défendre l'ordre social menacé, tend, au contraire, par ses doctrines et ses antécédents, à précipiter la société dans le gouffre qui la menace.

Je ne peux considérer comme défenseurs de l'ordre les hommes qui l'ont compromis si gravement dans leur passé, et qui, sans le vouloir, peut-être, par leur aveuglement et leurs principes le compromettraient bien plus encore dans l'avenir.

Le véritable parti de l'ordre se compose exclusivement, à mes yeux, des hommes qui placent l'ordre dans la stabilité, et qui comprennent que le premier besoin de la France est de retrouver cette stabilité qui lui manque et des institutions qui la garantissent.

DE L'AVENIR DU PAYS SELON LE SUFFRAGE UNIVERSEL.

(Juin 1849.)

Je comprends fort bien que le trop célèbre *Lagrange* ait demandé, par amendement à la loi de la presse, qu'il fût défendu d'attaquer le suffrage universel. Je comprends que l'Assemblée nationale, pleine d'un saint respect pour le principe qui l'avait mise au monde, se soit laissé aller à entourer d'une sorte d'inviolabilité ce principe sacré à ses yeux, base de l'édifice qu'elle voulait élever. Le suffrage universel, direct, par scrutin de liste, c'est la pierre angulaire de la Constitution élaborée en 1848 par les vainqueurs ou plutôt les bénéficiaires de Février, aidés dans cette œuvre peu méritoire, avec la plus touchante abnégation, par les vaincus, résignés à tout subir, ou aveuglés sur les conséquences inévitables des institutions qu'ils contribuaient si bénévolement à imposer au pays. Le suffrage universel et la Constitution de 1848 donnent à la démocratie et aux factions destructives qui prennent son masque le moyen assuré d'arriver à la domination absolue de la société, et de réaliser tous les projets de réorganisation sociale qui, dans les temps d'aberration que nous avons à traverser, peuvent être rêvés par les plus hardis novateurs. Le suffrage universel est, pour ainsi dire, une position avancée qui rend les partis violents maîtres de l'avenir, et au moyen de laquelle ils parviendront certainement à tout envahir. Il est donc naturel qu'ils prennent leurs mesures pour la conserver, pour bien s'y établir, de même que dans les guerres d'invasion une armée conquérante s'assure d'abord de la position des forteresses qui commandent le pays à occuper. Je comprends encore que la loi qui défendait d'attaquer le suffrage universel une fois rendue, personne ne se soit avisé de chercher à démontrer nettement ce que ce principe pouvait avoir de dangereux, et de demander le rapport ou le changement de la législation qui consacrait son application. Il était défendu d'examiner, de discuter, et, quelque peu républicaine que pût être cette défense, il fallait bien s'y soumettre; il fallait bien obéir à une loi pénale, fort peu libérale sans doute, mais avec laquelle, dans les circonstance où nous nous trouvions, il n'y avait pas à plaisanter.

Ce que je ne comprends pas, ce que je n'ai jamais pu comprendre, c'est l'espèce de faveur avec laquelle le suffrage universel a été accueilli par beaucoup de gens appartenant aux classes conservatrices; c'est l'illusion au moyen de laquelle un grand nombre d'hommes fort honorables, fort éclairés, fort peu disposés à subir les dernières exigences des factions anarchiques, se sont imaginé qu'ils trouveraient des garanties dans le suffrage universel, qu'ils en feraient sortir des éléments d'ordre et de stabilité. Ne pas attaquer l'institution imposée et déclarée par la loi inattaquable, s'y soumettre, rien de mieux, puisqu'il n'y avait pas moyen de faire autrement; mais s'en féliciter! ne pas prévoir ses inévitables résultats! s'aveugler au point d'y voir un appui pour le retour de l'ordre, des moyens de défendre la société contre les doctrines dangereuses professées avec tant de violence et mises avec tant d'astuce au service et à la portée des passions populaires! voilà ce qui m'a toujours rempli du plus profond étonnement.

Depuis l'établissement du suffrage universel, direct, et par scrutins de liste, octroyé par le gouvernement provisoire, et pieusement maintenu par l'Assemblée constituante, j'ai constamment vu des hommes d'ordre se montrer pleins d'espoir sur ses effets et prêts à s'en remettre à ses jugements; j'ai constamment vu des journaux, défenseurs courageux de la société, se prévaloir avec confiance du suffrage universel contre les factions ennemies, en appeler à son arrêt souverain et exprimer l'espoir de trouver dans ses décisions des armes pour combattre l'anarchie, pour repousser l'invasion des principes qui menacent l'ordre social.

La nomination du Président a semblé justifier un instant quelques-unes de ces espérances. Mais on ne réfléchissait pas que, pour cette élection ne portant que sur un seul nom, pour ce choix d'un homme appelé à exercer presque le pouvoir souverain, pour cette semi-intronisation d'un quasi-roi, disparaissait la plus grande partie des dangers du système par lequel on avait mis en pratique le suffrage universel. D'ailleurs, pour la nomination du Président, la cause de l'ordre avait trouvé un magique appui dans le culte des souvenirs impériaux, si profondément empreint dans les esprits populaires et qui en excluait toute passion politique. Sans cette disposition providentielle, à quels écarts n'aurait pas pu être entraîné, dans cette circonstance, le suffrage universel? et Dieu veuille que nous n'ayons pas à en faire la dangereuse expérience, si une nouvelle nomination de Président doit sortir de l'urne universelle, sans que nous ayons, pour maîtriser ses arrêts, à opposer aux anarchistes un nom qui, comme celui de Napoléon, domine tout; sans que nous puissions recourir encore au prestige dont l'influence a été si puissante et si salutaire en décembre 1848!

Malgré la victoire remportée alors par la cause de l'ordre, et quelque rassurante que l'élection du Président ait pu momentanément paraître comme indication de l'esprit des populations rurales, je n'ai jamais, avec la meilleure volonté, pu partager les illusions dont se berçaient, à l'encontre du suffrage universel, beaucoup de bons esprits enclins à espérer. Leur confiance, fort dangereuse à mes yeux, ne m'a jamais paru qu'un fatal aveuglement, qu'un entraînement irréfléchi vers des espérances chimériques. Il fallait peut-être voir seulement, dans cette disposition à se rassurer, le sentiment si naturel qui, dans un naufrage, porte les malheureux menacés de périr à s'attacher aux plus frêles circonstances, à placer l'espoir du salut dans les plus fragiles apparences.

Quoi qu'il en soit, les illusions que je signale commencent à se dissiper, et les produits, dans un assez grand nombre de départements, des élections qui viennent d'avoir lieu, ont fait naître les plus vives alarmes et jeté la terreur dans les esprits, d'autant plus disposés à s'effrayer, qu'ils s'étaient mieux accoutumés à compter sur des résultats contraires. Quant à moi, je l'avoue, je n'ai nullement été étonné des choix bizarres sortis de l'urne électorale et des victoires remportées par la démagogie; mes prévisions ont été trompées, au contraire, parce que je croyais que ce qui a eu lieu dans beaucoup de départements arriverait presque dans tous; je m'attendais que les nominations dans lesquelles on a cru trouver des causes d'alarmes, seraient bien plus nombreuses encore qu'elles ne l'ont été.

Le suffrage universel dans le Rhône, par exemple, n'a produit que ce qu'il devait nécessairement produire, d'après les dispositions locales et l'esprit de la population; que ce qu'il produira partout, à mesure que le jeu de cette institution sera plus pratiqué, à mesure que l'arme si puissante qu'elle remet aux mains de la multitude sera mieux comprise et mieux appréciée par elle. Il ne faut pas s'abuser sur cette triste vérité que l'état de la société, l'appréciation des éléments qui la composent, et l'action du régime électoral imaginé en 1848 rendront tout-à-fait incontestable aux yeux des hommes le plus favorablement prévenus, pour peu qu'ils veuillent se livrer à l'examen attentif des choses et des faits.

Et remarquons-le bien avant d'aller plus loin; je n'attaque nullement le suffrage universel; je me borne à constater les résultats qu'il doit produire, et ses résultats sont apparemment bien ceux que poursuivaient les premiers auteurs de notre Constitution, les hommes à qui nous sommes redevables des bienfaits de la Révolution de Février. En établissant que le suffrage universel doit nécessairement nous conduire où voulaient nous mener ceux qui nous l'ont donné, j'aurai prouvé qu'ils ne se trompaient pas, que leurs prévisions étaient justes; mais je n'aurai pas attaqué la loi qu'il m'est défendu de trouver mauvaise.

Notre Constitution donne la souveraineté et le pouvoir à

une Assemblée nationale et à un Président, nommés l'un et l'autre par le suffrage universel émis directement par chaque département.

Le suffrage universel, constitué ainsi, ne s'adresse évidemment qu'à la démocratie, sans soumettre ses choix à aucune condition, à aucun contrôle; il s'en remet à elle seule. Tous les citoyens sont agglomérés, tous sont dans une position complètement identique pour le droit électoral, et chacun, quelle que soit la différence des fortunes, des intelligences, des positions sociales, n'a qu'un droit semblable, qu'une voix, et chacun a une voix. Mais les hommes qui sont pourvus des dons de la fortune, qui ont une supériorité quelconque sur les autres, et que nous appellerons *aristocrates*, pour appliquer à l'état actuel de la société une qualification qui n'a plus son ancienne acception, mais qui cependant exprime encore clairement la seule différence que le nivellement politique de toutes les classes ait laissé subsister; les aristocrates seront précisément ceux qui seront sans droit électoral réel. En effet, leur intervention dans les élections ne pourra avoir en définitive aucune portée spéciale, aucune influence décisive, parce que leurs voix ne pourront, dans leur extrême infériorité numérique, que venir se mêler et se perdre imperceptiblement au milieu de celles si nombreuses des hommes qui auront à leur envier quelques avantages de fortune ou de position, et qui constitueront ce que nous appelons par opposition les *démocrates*.

Y a-t-il entre ces deux classes, les deux seules qui aujourd'hui constituent la société, diversité, opposition d'intérêts?

Cela n'est pas douteux, cela est clair comme le soleil.

Même dans les temps ordinaires, même lorsque la société

n'est pas agitée, comme dans la triste époque que nous avons à subir, par cette fièvre de changements et de bouleversements qui met tout en question, il est bien évident que la grande masse de la population qui ne possède pas ou qui possède peu n'a pas les mêmes intérêts que la classe entre les mains de qui se concentrent plus spécialement la propriété et la fortune; ces intérêts sont souvent contraires, et le besoin de les concilier, de satisfaire également aux uns et aux autres, se révèle à chaque instant et forme la principale tâche de tout gouvernement établi sur des bases stables. Le mot d'égalité est bien beau; en pratique ce n'est, hélas! qu'un mot. Ce n'est pas l'égalité, c'est l'inégalité qui est dans la nature. Les institutions politiques n'ont, en réalité, pas d'autre but que de consacrer et de réglementer les inégalités sociales sans lesquelles il n'y a pas de société. Les institutions sont parfaites lorsqu'elles établissent un juste équilibre entre les besoins et les devoirs de tous les membres de la société, quels que soient leur rang, leur position, leurs avantages de fortune et de talent; lorsqu'elles laissent à chacun les moyens de s'avancer légitimement dans la hiérarchie sociale, sans permettre à aucun de le faire par des moyens violents et criminels. La diversité des intérêts est donc la base de toute société, et ces intérêts sont d'autant plus opposés que les classes sont plus distinctes. Or, dans l'état général de la société, où la seule chose qui soit restée debout jusqu'à présent, c'est la fortune; où le besoin du bien-être et des jouissances matérielles domine toutes les passions, quoi de plus opposé, de plus naturellement antipathique que celui qui a et celui qui n'a pas, celui qui a peu et celui qui a beaucoup, celui qui est riche et celui qui est pauvre?

Mais si cette opposition d'intérêts entre ceux qui jouissent des dons de la fortune et ceux qui en sont privés ou faiblement pourvus, est de tous les temps, combien ne prend-elle pas plus d'intensité, plus d'énergie; combien n'acquiert-elle pas un caractère plus envieux, plus haineux, plus hostile dans un temps comme le nôtre, où l'exemple des bouleversements excite à toutes les espérances, où des prédications continuelles, s'adressant avec violence à toutes les passions, et reproduites sous toutes les formes, viennent, appuyant des systèmes plus ou moins spécieux aux yeux de la multitude, converger vers un but commun, aboutir toujours à attaquer la propriété, à démontrer la prétendue injustice de sa répartition, à poursuivre sa transformation? La propriété est maintenant le point de mire de toutes les factions anarchiques. Quel autre but pourraient-elles rechercher désormais? que reste-t-il à prendre et à détruire, si ce n'est la fortune, si ce n'est la richesse? A quoi tendraient les attaques que la démagogie dirige sans cesse avec tant de violence contre l'état social, maintenant qu'elle est pourvue de la plupart des positions politiques et que toutes lui sont nécessairement réservées par l'avenir? Que signifieraient les plaintes qu'elle exhale encore avec tant d'amertume. Les priviléges, les avantages de naissance, les suprématies légales, les influences de caste, tout cela a disparu. Il ne reste plus parmi les hommes d'autre supériorité que celle des talents ou celle de la fortune. Mais la démagogie ne veut pas de supériorité. Celle des talents, elle l'écarte. Voyez le spectacle frappant offert par les élections qui viennent d'avoir lieu. Des hommes éminents à quelques titres brillaient parmi ceux qui avaient préparé et accompli la Révolution de Février; ils étaient les auteurs des institutions amenées par cette catastrophe, et qui sont si favorables au développement de la démagogie. Eh bien! ce sont précisément ces hommes que la démagogie repousse, qu'elle brise! Il semble qu'elle ne veuille trouver dans ceux qu'elle choisit d'autre qualité que le hasard de son choix! Il semble qu'elle ne puisse supporter toute supériorité qui n'émane pas exclusivement d'elle-même!

Comment donc se soumettrait-elle à la supériorité de la fortune, c'est-à-dire, à la plus matérielle, la plus séduisante, la plus réelle de toutes, au milieu des ruines de l'état social?

La fortune, la propriété sont plus que jamais le but des convoitises humaines, et la profonde différence qui sépare la grande masse des pauvres du petit nombre des riches est plus tranchée que jamais.

Mais tous sont armés, pour le combat électoral, source de tout pouvoir dans notre organisation politique, d'un droit individuel et égal; la voix de l'un ne vaut pas plus que celle de l'autre; les deux grandes classes qui partagent la société n'en forment qu'une pour les élections, et les suffrages ne sont que comptés. Les votes émis par la classe la plus nombreuse doivent donc dominer l'élection, et comme la classe démocratique est et sera toujours immensément plus nombreuse que la classe aristocratique, il arrivera nécessairement que la première finira par être maîtresse absolue des choix à faire.

Le système électoral qui nous régit doit donc rationnellement aboutir à ne donner de représentants qu'à la démocratie, qu'à la classe la plus nombreuse et dont les intérêts sont complètement opposés à celle extrêmement inférieure par le nombre, mais dans laquelle sont plus spécialement concentrées la propriété et la fortune.

C'est par cet état de choses, c'est par cette position relative des deux classes qui divisent la société comme en deux camps, qu'il faut expliquer les élections qui viennent d'avoir lieu dans beaucoup de départements; en réfléchissant sur la situation si naturelle et si tranchée de ceux à qui est dévolue la nomination de l'Assemblée nationale, on peut s'étonner que l'urne électorale n'ait pas partout donné la victoire la plus complète à la démocratie. S'il n'en a pas encore été ainsi sur tous les points du territoire, si des représentants appartenant au parti de l'ordre ont été nommés en assez grand nombre, c'est dans les départements où les classes riches ont jusqu'à présent conservé quelque influence locale, où les prédications de la presse n'ont pas pénétré bien profondément, où les masses populaires n'ont pas encore bien compris la part qui leur est faite par les institutions révolutionnaires de 1848, bien apprécié les espérances qu'elles leur ouvrent et la force que leur donne le régime électoral. Mais elles apprendront bien vite tout cela, et chaque nouvelle élection ne manquera pas de révéler la marche rapide, parmi les classes populaires, de cet enseignement fatal auquel leur situation morale et leur malaise social les disposent si bien.

Il ne faut pas croire que les hommes éclairés puissent longtemps conserver de l'influence sur les départements dont les choix viennent d'être faits d'après leurs inspirations, ou en acquérir dans ceux où la démocratie l'a déjà emporté. Car cette influence doit nécessairement aller toujours et partout en diminuant, et faire place à de la défiance et à de l'hostilité de la part de ceux sur qui elle agissait, à mesure qu'ils se persuaderont qu'ils n'ont pas les mêmes intérêts que les hommes par qui ils étaient accoutumés à se laisser guider. On peut influencer le sentiment des masses populaires; mais elles sont intraitables sur ce qu'elles prennent pour leurs intérêts et elles obéissent invinciblement à l'instinct qui les pousse à faire ce qu'elles croient devoir leur être profitable.

C'est en vain qu'on espérerait éclairer sur ces matières par le raisonnement les classes inférieures de la société; c'est à tort qu'on se flatterait de pouvoir leur prouver que le maintien de l'état social actuel leur est avantageux, c'est inutilement qu'on chercherait à leur apprendre que les doctrines mises en avant par les novateurs ne leur promettent réellement rien et sont seulement des piéges trompeurs. Quand la cupidité est éveillée, il est bien difficile de l'endormir. J'ai vu un manufacturier distingué à qui ses longs et utiles travaux avaient acquis une très-belle et très-honorable fortune, s'adressant à des ouvriers intelligents, accoutumés jusque-là à le vénérer et à le croire, je l'ai vu s'efforcer de leur démontrer, par des raisonnements très-spécieux, par des calculs sans réplique, que, dans le cas d'un partage de la propriété, base apparente de certaines doctrines, leur petite fortune ne serait pas augmentée, serait peut-être même réduite, et qu'ainsi la réduction à laquelle il pourrait être lui-même soumis, ne leur profiterait nullement. On l'écoutait, on paraissait comprendre et approuver ses démonstrations, mais à peine était-il parti, chacun disait avec un désolant positivisme : *Il en parle bien à son aise; en attendant, sa position est mille fois meilleure que la mienne; s'il en descendait d'abord, nous verrions après. Quant à moi, je ne risque pas grand'chose au change.*

Il est évident, en effet, que l'idée d'un partage général n'est qu'un épouvantail, qu'une machine de guerre. Pour la plupart de ceux qui mettent en avant avec plus de chaleur des idées de partage, il est question de prendre d'abord, mais nullement de partager après. En demandant le partage, ils comptent bien sur l'inégalité des parts; et ce n'est là qu'un argument dont ils se servent pour arriver à un changement dans l'organisation de la propriété, à un déplacement de la fortune. Il ne s'agit, à leurs yeux, afin de réussir, que d'obtenir la majorité électorale; car il y a mille moyens, pour une assemblée représentative constituée comme la nôtre, armée d'un pouvoir sans limites, d'atteindre, par des mesures législatives qu'il serait facile de rendre spécieuses, la propriété, ce but réel et unique de tous les agitateurs. On peut, par l'assiette des contributions, affranchir de toute espèce de taxe une grande partie de la population; on peut, par la promulgation du droit au travail, mettre les travailleurs, ou prétendus tels, exclusivement à la charge de la propriété; on peut rendre l'impôt plus ou moins progressif, ce qui, comme on l'a dit, équivaut à la confiscation par annuité; on peut enfin recourir à des moyens plus énergiques et plus prompts de dépossession. Pourquoi nos modernes niveleurs n'imiteraient-ils pas, au moins sous ce rapport, les exemples de leurs prédécesseurs de 1793? Des événements, qu'il est permis de prévoir, ne peuvent-ils pas motiver de nouvelles confiscations sous prétexte d'émigration? S'il n'y a plus à dévorer la riche proie des biens ecclésiastiques, n'y a-t-il pas la grande propriété contre laquelle on peut reproduire la plupart des arguments employés dans le temps pour justifier la spoliation des biens du clergé? Ne peut-on pas fixer des limites à la fortune territoriale, imposer à la propriété un niveau qu'elle ne puisse franchir, et faire rentrer à la masse, c'est-à-dire usurper par l'état, tout ce qui dépasserait ce niveau? Ce *maximum* de fortune permis, ne pourrait-il pas être successivement abaissé, et, par ses diminutions graduelles, ne réaliser en quelque sorte qu'en détail et à plusieurs reprises la dépossession réelle de la fortune? Cette mesure ruineuse ne frapperait d'abord que les sommités de la société, ne toucherait qu'un petit nombre de fortunes exceptionnelles, et, par un triste effet de l'égoïsme humain, ne rencontrerait que de faibles contradicteurs parmi ceux qui ne seraient pas atteints dès le principe, mais qui, bientôt peut-être, suivant le caprice ou les besoins du pouvoir, seraient frappés à leur tour par un abaissement de la limite assignée à la fortune, sans trouver non plus de défenseurs au-dessous d'eux.

Quoi qu'il en soit, au reste, des moyens d'exécution, le déplacement et le remaniement de la propriété, qu'on ne veut pas détruire, nous dit-on naïvement, mais au contraire rendre plus utile et plus solide, voilà la séduisante amorce offerte par les prédicateurs des doctrines communistes à tous ceux qui ne se trouvent pas bien placés dans l'échelle sociale.

Mais c'est là le très-grand nombre, la presque totalité, et sur les *douze millions* d'électeurs qui composent maintenant la nation française, y en a-t-il *cinq cent mille* qui soient satisfaits de leur position et de la part qu'ils ont aux avantages sociaux? Non, sans doute, à beaucoup près! Eh bien! au milieu des passions, des folies, des convoitises qui agitent si profondément la société, qu'est-ce en réalité que notre système électoral? Le scrutin ouvert au suffrage universel ne se réduit-il pas à cette simple interrogation faite à chacun : *Etes-vous content de votre sort? La société vous paraît-elle bien organisée? Pensez-vous qu'il faille main-*

tenir la répartition des avantages auxquels elle donne droit?

Est-il possible que la grande majorité, qui était loin de songer spontanément à des réformes sociales dont on fait de toutes parts et par tous les moyens germer la pensée dans les esprits, est-il possible qu'à ces provoquantes questions elle réponde *oui*? Est-il possible que le journalier, qui gagne si péniblement son existence à la sueur de son front, résiste à l'espérance qu'on lui fait entrevoir d'une amélioration dans son sort? Est-il possible que le soldat qui sacrifie son avenir au pays, qui expose journellement sa vie, et qui, soumis à la plus dure discipline, reçoit seulement quelques sous en échange de tant de sacrifices, ne fasse pas un retour sur lui-même, ne regarde pas d'un œil d'envie les généraux qui le commandent, environnés des jouissances de l'amour-propre et des faveurs de la fortune, ces chefs dont cependant on lui dit qu'il est l'égal et dont il est réellement l'égal dans le champ électoral? Est-il possible que tous ne se jettent pas avec ardeur sur des choix qu'on leur présente comme s'identifiant à leurs intérêts et à l'amélioration de leur sort; sur des nominations par le succès desquelles on leur fait entrevoir l'espérance d'un changement complet de l'état social, dans lequel on leur apprend si bien qu'ils sont illégalement et injustement placés? Non, sans doute.

Ne nous étonnons donc pas des résultats électoraux qui ont effrayé tant d'esprits irréfléchis ou plutôt aveugles jusque-là. Accoutumons-nous à prévoir qu'il en sera désormais toujours de même sous l'empire de la Constitution de 1848, et ne nous dissimulons pas que notre système électoral, en se développant, ne peut que donner de plus nombreux appuis aux doctrines qui nous épouvantent peut-être à juste titre, mais avec lesquelles il faut bien se familiariser. Reconnaissons enfin que les institutions par lesquelles nous sommes régis, en fonctionnant suivant leur esprit et leurs tendances, doivent arriver à ne donner des représentants et des organes qu'aux intérêts démocratiques, et, par conséquent, à concentrer toute la puissance politique entre les mains de la démocratie et des passions violentes qui s'appuient sur elle.

Mais où cela nous conduira-t-il? Où sera la limite de la pente démocratique sur laquelle nous sommes entrés? Dieu seul le sait.

Jusqu'à présent les publicistes avaient semblé reconnaître que la base de toute société bien entendue, de tout gouvernement bien constitué, et plus spécialement encore dans la forme républicaine, était la représentation réelle de toutes les classes, la garantie de tous les intérêts. Lorsque Napoléon, qui faisait assez bien tout ce qu'il faisait, voulut créer une république dans l'Italie supérieure, avec les conquêtes de ses fabuleuses campagnes de 1796 et 1797, il convoqua une assemblée composée de délégués nommés isolément par trois classes, les *possidenti*, les *dotti* et les *commercianti*. En demandant des représentants à la propriété, à la science et à l'industrie, il pensait avec raison que ces trois grandes classes, dans leurs subdivisions, embrassaient la totalité des intérêts du pays qu'il avait pour but de satisfaire et de concilier. En 1848 nous avons changé tout cela. Pour faire marcher la République française, nous ne nous adressons ni aux propriétaires, ni aux savants, ni aux négociants; nous les excluons, au contraire, puisqu'ils ne forment que l'infime, que l'imperceptible minorité de la population numérique de qui émane la souveraineté, et à laquelle nous remettons, d'une manière absolue et sans appel, les destinées de la société. Au milieu d'elle non-seulement ils seront sans la moindre influence, par leur très-petit nombre relatif, mais encore, et par l'effet même de leur supériorité individuelle et de leurs avantages personnels, ils seront odieux aux intérêts et aux passions du grand nombre, en état de suspicion, en hostilité permanente vis-à-vis des masses appelées dans leur toute-puissance et avec leur science infuse, à décider du sort commun, et à répartir les avantages et les charges de l'état social.

Ainsi, par la Constitution, que nous devons à MM. Dupin, Dufaure, Cormenin et autres fort habiles gens, par la réalisation et le développement complet de nos institutions, nous devons voir tous les intérêts existants sans représentants, sans défenseurs, ou plutôt ne voir représenter que l'intérêt envahisseur opposé à tous les autres. Lorsqu'il en est ainsi, lorsqu'une seule classe domine, les autres sont nécessairement opprimées, surtout quand la domination se trouve du côté où il y a le plus de passions et le moins de lumières. Encore une fois, ce n'est pas là une attaque contre des institutions qu'il n'est pas permis de trouver mauvaises; c'est l'appréciation d'un état de choses qu'il faut prévoir, et auquel il est nécessaire de se préparer et de se résigner.

A la suite d'une invasion, d'une conquête, les vainqueurs dominent seuls et cherchent à rendre durable leur domination, qui est plus ou moins dure pour les vaincus. C'est ainsi que les Arabes, en Asie, en Afrique et en Europe, les Tartares, en Chine, les barbares du moyen-âge dans toute l'Europe, ont tour à tour porté, à la suite des dévastations de la victoire, leurs lois et les institutions destinées à maintenir leur puissance sur les vaincus. C'est là le principe des institutions féodales. Les barons, maîtres du pays, par le droit de la victoire, le dominaient de la manière la plus absolue, tenaient toutes les classes dans le plus dur servage, et, de leurs châteaux forts inaccessibles, faisaient peser leur joug de fer sur la population toute entière. Cette domination, qui prenait sa source dans la conquête, a duré longtemps; elle était exercée par le petit nombre, par la classe que la puissance militaire rendait supérieure aux autres. La domination qui nous menace sera au contraire exercée par le grand nombre, par les classes inférieures, puisant leur force non plus dans des forteresses mais dans leur nombre même et dans les institutions.

Le règne de la démocratie sera-t-il aussi long que celui de la féodalité? Ne trouvera-t-il de terme que dans ses propres excès? Si, comme il n'est pas permis d'en douter, les institutions publiques qui nous régissent doivent se développer, si les conquêtes de 1848 doivent être durables, il est probable que du sein de la démocratie victorieuse sortira une nouvelle aristocratie, et ainsi de suite. Car dans ce monde, hélas! rien n'est nouveau, il n'y a que renversement et déplacement, et la société ne fait que parcourir un cercle vicieux.

Ces grandes commotions politiques ne sont rien sans doute dans l'immensité des mondes et dans l'ordre général de la nature, mais cela est peu consolant pour les individus qui s'y touvent compromis. Il leur est au moins permis de déplorer le décret de la Providence qui les a condamnés à traverser cette terre pendant l'une de ces époques fatales où l'homme, manquant à sa destination, méconnaissant les bienfaits de la création, oubliant les progrès du passé, rebelle à sa propre intelligence, ne semble plus appelé qu'à détruire, qu'à marcher en arrière, qu'à ensevelir dans l'oubli et la barbarie les conquêtes de la raison et de la sagesse.

DE L'ÉTAT DU PAYS, DES DANGERS QUI LE MENACENT, ET DES MOYENS D'Y ÉCHAPPER.

(Juillet 1849.)

L'état actuel des choses en France ne peut durer. Voilà ce que chacun sent bien mieux encore qu'il ne le dit. A cet égard, pas d'hésitation, presque tout le monde pense de même; les plus aveugles utopistes, les plus intrépides partisans des idées républicaines commencent à comprendre eux-mêmes que la pratique dément leurs théories, et que la Constitution, élaborée à la suite de la Révolution de 1848, est le monument le plus fragile et le plus défectueux qu'ait jamais élevé la manie de faire des constitutions. Les institutions qui ont été improvisées par l'Assemblée dite Constituante, sortie du suffrage universel sous l'influence des circulaires Ledru-Rollin, accusent l'ignorance du passé, l'imprévoyance de l'avenir, les plus étroites préoccupations de l'esprit de parti, la mise en pratique des idées démocratiques les plus folles, et ouvrent de toutes parts un vaste champ aux doctrines les plus désolantes, aux prétentions les plus subversives de toute organisation sociale. Dans tout cela, aucun élément de durée, aucune garantie de stabilité, partout des ferments de discorde, partout des causes incessantes de troubles; de quelque côté qu'on porte les regards, de quelque illusion qu'on cherche à se bercer, on ne peut se défendre d'effroi en voyant la société livrée sans défense aux attaques de ses membres les plus infimes, abandonnée, vouée en quelque sorte à l'invasion graduelle des passions les plus basses et des intérêts les plus grossiers. Cet état de choses anormal, les institutions qui le régissent, tout cela ne peut durer; c'est l'avis ou plutôt le sentiment général. Mais comment sortir de cette effroyable position? où trouver une digue, un appui contre la tempête qui nous ballotte depuis seize mois, et qui est aussi menaçante que jamais? D'où viendra un sauveur pour l'ordre social menacé de la plus complète dissolution?

Lors de la nomination du Président, lorsque le nom de Louis-Napoléon sortit de l'urne universelle, acclamé par six millions de suffrages, on avait vu en lui ce délégué de la Providence, qui, comme le grand Napoléon, semblait appelé par le destin à nous tirer de l'anarchie. La haine, ou plutôt le mépris pour les institutions républicaines dont on faisait depuis dix mois la triste et instructive expérience, le besoin général d'échapper à un état de choses qui, au lieu des espérances menteuses par lesquelles il s'était annoncé, n'avait réalisé que de honteux résultats, de déplorables désordres, que le malaise et la ruine pour toutes les classes; ces sentiments furent pour beaucoup dans le mouvement électoral du 10 décembre, accueilli partout comme le signal d'une ère de réparation. Mais le principal élément de cette élection providentielle il faut le rechercher dans le prestige des souvenirs impériaux si profondément empreints sur les esprits populaires, dans la magie de ce grand nom de Napoléon, qui réveillait partout les pensées de patrie, de gloire et de grandeur. Chez la plupart des habitants des campagnes, qui forment les cinq sixièmes de la population totale, il n'y a en général ni opinions, ni passions politiques; ils ne tiennent guère à la République, car ils savent à peine ce que c'est; les institutions démocratiques les touchent peu, ils ne les comprennent pas. Pour eux le nom de Napoléon s'est presque toujours confondu avec celui de la République; ce nom personnifie, caractérise, à leurs yeux, la grande rénovation sociale qui a marqué la fin du siècle dernier; le mot sacramentel l'Empereur leur rappelle la grandeur et la puissance du pays, les véritables bienfaits de la Révolution, les conquêtes de l'égalité, les garanties de l'ordre. On l'a dit, et rien n'est plus vrai, en nommant Louis-Napoléon Président, la plupart des électeurs qui venaient voter croyaient nommer un Empereur, et espéraient revenir par leur vote aux institutions et au pouvoir énergique de l'Empire. Cet état des esprits s'est modifié sans doute, mais pas autant toutefois qu'on pourrait le croire, et il faut se garder d'attribuer les élections de mai, si fâcheuses dans beaucoup de localités, aux progrès des idées républicaines; il ne faut pas mesurer sur leur résultat l'adhésion des masses populaires aux institutions de Février. Ces votes, qui ont paru si menaçants, n'ont eu, en général, rien de politique; c'était presque partout le fruit des espérances ouvertes par les prédications socialistes à la convoitise et à la cupidité des classes inférieures. La perspective d'un déplacement dans la propriété, offerte comme un appât tentateur à tous ceux qui se trouvaient mal partagés dans la distribution des biens de la terre et des avantages sociaux, mettait de toutes parts en mouvement les appétits grossiers et les passions envieuses du grand nombre; c'était les vestes qui votaient contre les habits; c'était la démocratie qui repoussait instinctivement l'aristocratie. Ce mouvement irrésistible est la suite de toutes les agitations auxquelles nous avons été en proie depuis Février; c'est la conséquence inévitable des concessions qui ont été si aveuglément improvisées à cette époque fatale; nous sommes entraînés vers le despotisme des masses ignorantes par une tendance progressive qui deviendra bientôt invincible, si aucun obstacle ne vient énergiquement l'arrêter, pendant que peut-être il en est temps encore; mais cette tendance est beaucoup plus sociale, si on peut s'exprimer ainsi, que républicaine. Au fond, et quant à la question politique et aux progrès des idées exclusivement républicaines, l'esprit des populations, surtout dans les campagnes, a peu changé depuis la nomination du Président, et on se tromperait si on voyait dans les élections récentes de mai une indication absolument contraire au sentiment populaire et à l'entraînement national qui avaient amené celle du 10 décembre. Cependant, il faut le reconnaître, les sympathies impériales, qui avaient été pour beaucoup dans cette significative nomination, se sont affaiblies, par la raison qu'elles ont été déçues dans leurs espérances, et, sous ce rapport, il est incontestable que ce que Louis-Napoléon aurait pu faire immédiatement après le 10 décembre, est beaucoup plus difficile à faire maintenant.

Qu'aurait-il pu faire alors?

Il fallait alors, et il faut encore aujourd'hui, sous peine de voir la société disparaître devant la barbarie, arracher à la démagogie les concessions absurdes qui lui ont été faites.

Or, il semblait que la magie des souvenirs impériaux et l'influence sur les masses du nom tout-puissant de Napoléon, pouvaient seules donner la force de revenir sur le passé, de briser légalement tout ce qui avait été fait à la suite des saturnales de Février, et de nous rendre des institutions sérieuses et stables.

Si, à la suite de l'élection du 10 décembre, le Président Louis-Napoléon, après s'être préalablement assuré de l'appui des troupes à Paris et dans quelques villes principales, était venu dire solennellement à la nation :

« Vous venez de m'appeler, avec une immense majorité, » par une masse de suffrages telle, que dans aucune cir- » constance une manifestation électorale n'a été plus impo- » sante, au poste éminent de chef du pouvoir exécutif. » Cette nomination, je la dois toute entière au nom que je » porte; en me désignant, c'est au grand Napoléon, c'est à » l'Empire que la France voudrait revenir. La lassitude du » passé, la triste expérience des longs efforts faits depuis » trente-cinq ans pour approprier à la France des insti- » tutions prises chez un peuple voisin, la ramènent, par une » sorte d'instinct, à l'organisation énergique et nationale » due au grand homme, plus admirable encore comme » administrateur et comme législateur que comme con- » quérant, qui, au milieu des préoccupations de la guerre » et des entraînements de la victoire, sut doter la nation » française d'institutions sociales et administratives, dont » les débris sont toujours, après tant de temps et de chan- » gements, la plus grande force de la société et la plus » belle partie de la machine gouvernementale. N'est-ce pas

» ainsi que je dois interpréter les vœux de la France? Il » m'appartient du moins de la consulter dans cette grave » conjoncture qui embrasse tout son avenir. La nation veut-» elle les institutions impériales? Veut-elle prendre pour » base de son organisation politique la constitution napo-» léonienne de l'an VIII? Qu'un scrutin soit ouvert. Que le » suffrage universel qui m'a nommé soit appelé à se pro-» noncer, à dire s'il veut, avec les héritiers de Napoléon, » les institutions émanées de lui, ou s'il préfère la Consti-» tution républicaine qui vient d'être élaborée par l'As-» semblée nationale, mais qui n'a pas encore été soumise » à l'acceptation du peuple. »

Il n'en faut pas douter, une immense majorité, égale peut-être à celle qui avait nommé le Président, aurait exclu la Constitution de 1848, en votant pour les institutions impériales. Ce vote aurait donné une force irrésistible, un droit incontestable à l'œuvre de réparation qu'il s'agit d'accomplir pour arracher la société au destin qui semble l'entraîner vers l'abîme. La Constitution de 1848 n'avait pas encore fonctionné; ses auteurs avaient commis la faute de ne pas la faire accepter par le suffrage universel, par ce pouvoir suprême à qui ils rapportent tout; le Président ne s'étant jusque-là lié par aucun acte positif d'adhésion à l'œuvre constitutionnelle de l'Assemblée, avait son action libre, et était à l'abri de tout reproche de duplicité ou de trahison. Ce retour légal à la Constitution de l'Empire aurait mis à néant, d'une manière simple, irréprochable et complète, toutes les institutions démocratiques, toutes les folies démagogiques, sous la pression desquelles nous sommes si fortement comprimés, et, le terrain politique ainsi bien déblayé de tout ce qui l'envahit, il aurait été facile, une fois le principe de la Constitution de l'an VIII posé, d'étendre sans danger quelques-unes de ses dispositions libérales et d'en faire découler tout ce que, dans notre dégoût des expériences sociales, nous pouvons désirer de véritable liberté.

Agir ainsi maintenant serait, non pas impossible, mais beaucoup plus difficile.

Que faire donc? Faut-il se borner à attendre du temps, de la marche des esprits, de l'influence d'une sage majorité, du concours de circonstances imprévues, les modifications que réclame impérieusement notre état politique? Mais prenons-y garde, il ne s'agit pas de prendre patience, il ne suffit pas de gagner du temps. Le mal fait chaque jour de désastreux progrès, et bientôt peut-être il serait absolument irréparable. Attendrez-vous que de nouvelles élections donnent plus de force à votre majorité? Mais vous ne pouvez avoir de nouvelles élections avant trois ans, et il n'est, je pense, personne qui ose se flatter que nous puissions rester trois ans stationnaires dans la position critique où nous nous trouvons, que nous puissions rester trois ans exposés aux dangers qui nous entourent, sans être entraînés violemment au fond du précipice. D'ailleurs, peut-on raisonnablement fonder quelque espoir sur de nouvelles élections faites sous l'empire de la loi actuelle? N'est-il pas évident, au contraire, pour tout homme qui ne veut pas s'abuser, pour tout homme doué de quelque habitude des appréciations politiques, que de nouvelles élections amèneraient une majorité socialiste et ultra-démocratique, et feraient passer sans retour le pouvoir aux factions qu'il s'agit aujourd'hui de combattre? Alors, que ferez-vous? Quel remède pourrez-vous opposer à l'invasion légale des doctrines qui vous effraient si justement? à la mise en pratique par la loi des plus folles utopies, de la plus radicale désorganisation sociale?

C'est donc avec l'Assemblée nationale actuelle qu'il faut porter la main sur les institutions, et y faire les profondes modifications dont la nécessité frappe aujourd'hui tous les esprits. Et on ne saurait trop se hâter, parce que plus on attend, plus le danger augmente, plus il devient difficile de s'y soustraire.

Il y a, dans nos institutions actuelles, trois principes dissolvants avec lesquels il n'y a pas de société possible :

Le suffrage universel et direct,

La garde nationale universelle,

L'abolition de la peine de mort, ou plutôt l'absence de toute répression sérieuse contre les crimes politiques.

Ces trois bases de notre organisation politique sont antisociales, et il n'est ni république, ni monarchie, ni société d'aucune sorte qui puisse résister à l'action délétère des droits qu'elles concèdent à la multitude. C'est donc sur ces points qu'il faut avant tout et nécessairement porter les plus complètes réformes, sous peine de voir s'accomplir la dissolution de la société.

I.

Le suffrage universel, en mettant la nomination du Président et de l'Assemblée, c'est-à-dire la souveraineté et le pouvoir, entre les mains du grand nombre, ouvre la porte à toutes les convoitises, à toutes les passions envieuses de l'immense majorité de la population qui ne possède pas ou qui possède peu, et assure évidemment, dans un délai plus ou moins rapproché, la suprématie et la domination à la démagogie la plus effrénée. Nous avons vu par les élections du 13 mai de nombreux exemples des incroyables écarts auxquels peut être entraîné le suffrage universel, cette prétendue conquête de Février. Nous avons vu quelle désespérante ignorance, quelles passions aveugles et basses guident ces masses populaires qui sont devenues les arbitres des destinées communes. Cette tendance effrayante que nous avons déjà pu reconnaître dans un grand nombre de départements, doit s'étendre graduellement par la force des choses et devenir bientôt générale. Faut-il, pour conjurer le danger, imposer à la capacité électorale quelques conditions, et renoncer ainsi à ce principe si dangereux du suffrage universel? Faut-il se contenter de soumettre les choix du suffrage universel à divers degrés de révision qui pourraient peut-être en atténuer les périls? Ce dernier mode est celui pratiqué sous l'Empire. Car il est assez piquant de remarquer que la Constitution de l'an VIII consacrait formellement le principe du suffrage universel, et en faisait la base de toute élection et de toute nomination politique. Mais, quoi qu'il en soit, plus le changement du système électoral actuel sera complet, plus ce qui pourra être fait s'éloignera de ce qui est, plus nous y trouverons de gages de sécurité, mieux les dangers qui nous menacent seront conjurés.

II.

Tous les citoyens font partie de la garde nationale, tous sont armés. Cette institution ainsi constituée n'est ni de la liberté, ni de l'égalité; c'est l'auxiliaire naturel de l'anarchie, c'est un levain perpétuel de rébellion et de trouble. La garde nationale, telle qu'elle existe en France, est la plus dangereuse des institutions; les faits le démontrent chaque jour. C'est presque partout la garde nationale qui est la cause ou l'occasion des troubles qui se manifestent; elle les aggrave toujours. Dans toutes les circonstances fâcheuses, nous avons vu des gardes nationaux se faire les instruments de la révolte, et quand on veut rétablir l'ordre dans quelque localité agitée par des commotions politiques, il faut toujours commencer par y suspendre la garde nationale. La loi sur la garde nationale, en armant tous les citoyens à peu près sans exception, donne à chacun un fusil, c'est-à-dire la même force. La loi électorale attribue à chacun une voix, une part égale dans le suffrage universel, c'est-à-dire donne à chacun le même droit. Rien ne conduit plus logiquement au socialisme que cet état de choses. Si tous les hommes ont le même droit et la même force, ils doivent avoir le même bien; car la fortune s'acquiert par le droit ou par la force, et ne s'acquiert pas autrement.

Faut-il, pour modifier la loi sur la garde nationale, restreindre, par des conditions, le nombre des citoyens qui en font partie, et qui, par conséquent, sont armés? Faut-il en faire ainsi un corps privilégié, ou faut-il détruire l'institution et la réserver pour ces époques heureusement rares, où le salut des nations force à appeler momentanément tout le monde aux armes? Sur ce point, comme sur l'exercice du suffrage universel, plus le changement de ce que nous avons sera complet et radical, plus les éléments de désordre qui nous entourent de toutes parts seront diminués.

III.

La suppression de la peine de mort pour les crimes politiques équivaut, en pratique et dans l'état actuel des esprits et des mœurs, à l'absence de toute répression contre ces crimes qui, bien plus que tous les autres cependant, compromettent le sort de la société. En effet, les peines de détention et de déportation, qui seules peuvent les atteindre, sont complètement illusoires, parce qu'il n'y a, pour ces peines appliquées aux crimes politiques, ni durée, ni infamie, c'est-à-dire qu'elles sont tout-à-fait dépourvues, contre les condamnés politiques, des deux seuls caractères qui les rendent sérieuses. Il n'y a pas de durée dans les peines, car notre triste expérience politique nous l'a appris, les amnisties suivent toujours de près les condamnations, et il ne peut en être autrement sous l'empire des fausses idées qui dominent à cet égard la société. Il n'y a pas d'infamie pour les condamnés, puisque, au contraire, les condamnations deviennent pour ceux-ci des titres d'honneur dans le présent, et des droits à des récompenses dans l'avenir. On peut donc dire qu'en réalité il n'y a pas de punition pour les crimes politiques, et que les ennemis de l'ordre public qui se livrent au métier de conspirateur, n'ont aucun péril à affronter, et courent au contraire la chance de s'assurer de suite s'ils réussissent, et dans tous les cas, plus tard, lorsque leur parti triomphe, fortune, honneur et pouvoir. La société est ainsi complètement désarmée contre ceux qui l'attaquent incessamment, elle ne peut manquer de succomber; elle n'est pas possible avec un pareil état de choses.

Ces trois points sont à mes yeux les grandes plaies de l'état politique actuel.

Quelques esprits y ajoutent la liberté de la presse, et voient dans les excès de cette liberté une cause incessante de dissolution pour la société. Je ne partage pas leur avis, et, sans méconnaître le mal profond que font les abus de la presse, je n'y attache pas la même importance qu'aux trois points que je viens d'indiquer.

La liberté de la presse ne se produit, après tout, qu'en excitations. Si à côté d'elle il n'y avait ni armes par la garde nationale, ni scrutin par le suffrage universel, à la portée de tous, pour traduire en action ses prédications; si la société n'était pas désarmée contre les attaques auxquelles la presse pousse incessamment, à quoi aboutiraient ses déclamations furibondes? A créer de la désaffection contre le pouvoir, me dira-t-on, à propager de fausses idées sur les hommes et sur les choses? Mais tout cela est inévitable, quoi qu'on fasse. Nous ne l'avons que trop appris par l'expérience, l'affection des populations est un soutien bien illusoire pour les gouvernements; les plus populaires sont presque toujours ceux qui sont le plus près de devenir impopulaires. Plus ils font de concessions, plus on en exige; et ce n'est pas devant la désaffection fondée ou non des peuples que tombent les gouvernements qui ne veulent pas tomber, et qui savent se défendre. La liberté de la presse est à la vérité gênante pour le pouvoir; nous avons vu la République ne pas savoir la supporter, et réduite, deux fois en seize mois, à la briser en foulant aux pieds toutes ses promesses. La Restauration aussi, pendant ses quinze ans de durée, a plusieurs fois recouru à des violations de la liberté de la presse, et, ne croyant plus pouvoir vivre avec elle, finissait par vouloir, au moment de sa chute, supprimer entièrement cette liberté qu'elle s'était si souvent vanté de nous avoir rendue. Mais, d'un autre côté, le gouvernement de Louis-Philippe, pendant toute sa durée, pendant dix-huit années consécutives, a supporté constamment tous les excès de la presse la plus violente et la plus hostile, et n'a jamais employé contre elle que les voies légales. Ce gouvernement est tombé, mais ce n'est certes pas devant la presse, et si, en Février, il avait voulu ou su réunir, pour repousser les factions ennemies, une faible partie des moyens militaires que la République a déjà plusieurs fois été obligée de déployer pour combattre ses propres amis, il serait sans aucun doute encore sur pied, malgré les attaques continuelles de la presse, et celle-ci n'aurait probablement pas cessé d'être respectée!

En modifiant profondément le suffrage universel et la loi sur la garde nationale, en donnant à la répression des crimes politiques quelque réalité, on pourrait conjurer momentanément les dangers qui, dans l'état des choses, et quelle que soit la forme de gouvernement, menacent la société toute entière; on pourrait garantir ainsi pour quelque temps l'état social de la décomposition vers laquelle il est entraîné. Mais lors même qu'on viendrait à bout de porter sur ces points principaux la plus complète réformation, il ne faudrait pas compter encore sur de la stabilité; il ne faudrait pas croire que nos institutions politiques pussent offrir des gages sérieux d'ordre et de durée.

Resterait toujours notre Assemblée nationale unique, qui ne peut être dissoute ni renvoyée momentanément; notre Assemblée nationale unique, placée vis-à-vis du Président, produit comme elle de l'élection. Resteraient toujours en face l'un de l'autre ces deux pouvoirs souverains, entre lesquels la lutte ne peut tôt ou tard manquer de s'engager, et ne saurait avoir pour issue que la violence, la guerre civile et de nouveaux bouleversements. Resteraient enfin toutes les dispositions législatives écloses de la Révolution de Février, et dont aucune ne semble de nature à garantir le moins du monde la liberté, la paix et la prospérité du pays.

FIN.

www.ingramcontent.com/pod-product-compliance
Ingram Content Group UK Ltd.
Pitfield, Milton Keynes, MK11 3LW, UK
UKHW021055270726
13967UKWH00012B/1627